立人天地

世界前沿教育书系

CORWIN

CULTURALLY

用数据说话：教学差距调查方法

PROFICIENT

[美] 兰德尔 ·B. 林赛 (Randall B. Lindsey)
史蒂芬妮 ·M. 格雷汉姆 (Stephanie M. Graham) 等 著
刘京菁 译

INQUIRY

黑龙江出版集团
黑龙江教育出版社

版权登记号：08-2016-004

图书在版编目（CIP）数据

用数据说话：教学差距调查方法 /（美）林赛（Lindsey, R. B.）等著；
刘京菁译. -- 哈尔滨：黑龙江教育出版社，2016. 1
ISBN 978-7-5316-8498-5

Ⅰ. ①用… Ⅱ. ①林… ②刘… Ⅲ. ①教学—调查研究 Ⅳ. ①G424.29

中国版本图书馆CIP数据核字(2016)第006736号

用数据说话：教学差距调查方法
YONG SHUJU SHUOHUA: JIAOXUE CHAJU DIAOCHA FANGFA

作　　者　兰德尔 • 林赛（Randall. Lindsey） 史蒂芬妮 • 格雷汉姆（Stephanie M. Graham）等
译　　者　刘京菁
选题策划　王春晨
责任编辑　彭剑飞
装帧设计　Amber design琥珀视觉
责任校对　周维继

出版发行　黑龙江教育出版社（哈尔滨市南岗区花园街158号）
印　　刷　北京鹏润伟业印刷有限公司
新浪微博　http://weibo.com/longjiaoshe
公众微信　heilongjiangjiaoyu
E-mail　heilongjiangjiaoyu@126.com

开　　本　700 × 1000　1/16
印　　张　14.25
字　　数　187千
版　　次　2016年3月第1版　2016年3月第1次印刷
书　　号　ISBN 978-7-5316-8498-5
定　　价　32.00元

将此书献给德洛丽丝，感谢她生而如此。

——兰德尔

将此书献给我的家人，他们教给我什么是社会正义，也献给兰迪、安吉与达莲，感谢他们相信我能将这些教给别人。

——史蒂芬妮

将此书献给我的女儿们，她们不断给予我灵感。

——克里斯

将此书献给我们孩子们，凯拉和乔丁，他们的生命诠释着勇气、信仰与爱。

——辛西娅

目录 / contents

前　言

我们面对的时代，诸多大事件交织在一起，共同将美国拉回它极力想要逃离的现实中。对于历史中许多挟国家为人质的方面，这个国家总是拒绝接受。某些方面，美国所谓的多元化不过是对保罗·劳伦斯·邓巴百年前的诗作《我们戴着面具》(*We Wear the Mask*)的表面的回忆。在邓巴的笔下，我们这个国家戴着“谎言与微笑的假面”，“隐藏面庞，遮蔽双眼。”我们戴着面具，希望隐藏残酷历史中特定的几个世纪，那些年里，我们仅凭肤色将人分为三六九等，极力让人各安其分。尽管我们试图隐藏或逃离那段历史，生活却不断让其浮出水面，再给我们一次摘下面具直面历史的机会，让我们得到治愈。公众教育所谓的学术成绩差距备受关注，这便是其如今面临的处境。生活再次给予这个国家直面历史的机会，去面对这个“成绩差距”。

约翰·亨里克·克拉克曾提醒我们，历史具有塑造现在的力量。

历史并不代表一切，却是一切的起点。历史是人们用来播报政治与文化时间的时钟，告诉人们这一天已经过去了多少。它是人们用来在人类地图上自我定位的指南针。它让人类知道他们到底是谁，更重要的是，他们必须要做的是什么。

作者在《用数据说话：教学差距调查方法》中强调将直面历史作为解决教学问题的方法，并且展示了个人与社会疗法。这本书让教育者们面对历史对他们各自身份构建的影响，而身份认知会继而影响他们在日常教学中以何种姿态与学生建立关系。历史学家，如小利昂·伯纳特、罗恩·高木以及约翰·霍普·富兰克林，借助现代科技，摘下那段神秘历史的面具，看看它是如何用肤色将人划分于无形，让人过着野兽般蒙昧的生活，或让他们退化为自己的幼稚版讽刺画。他们见到大量人为塑造的形象，将白人征服者与奴役者刻画成完美的英雄，仿佛他们全凭自身的天纵英才便创造了美洲大陆的文化与财富，而被他们当作奴隶强行带到这片海岸的非洲移民，或是欧洲人在到达时发现的土著居民则对此毫无贡献。

尽管历史明明白白记载，非裔美国人与这片大陆的原住民在美国建立的过程中起到至关重要的作用，然而，去除这段关于肤色的神秘历史的影响也并非易事。正是这些，塑造了美国的灵魂，继而影响了学校的"隐藏课程"（伯纳特）。有色人种始终扮演被征服的角色，这些精心建立的形象深深扎根于国民的脑海之中，成为维护底层阶级与特权阶级之分的有力武器。而正是国家的学校，成为那些形象的播种者与散布者。

日复一日，美国历史的影响在全国的教室中已不再起任何作用。尽管有人试图根除殖民前的各种种族文化，历史对非洲与古代美洲后裔文化的形成产生的影响仍然存留在这一代孩子们的心中——代代相传。有的民族，即使受到重重压迫，仍然竭尽全力生存、热爱、繁衍生息。它们创造出来的文化，时至今日仍然显露在每年因渴望学习而来到学校的孩子们身上。他们的聪明才智、认知结构、存在的方式、甚至他们自身都融入家庭与社区的生活圈中，那里，也是他们学到人生第一课的地方。为了学业，他们向老师展示出这些智力、语言与文化资产。"孩子培养出的每一个文化功能，都会登场两次，分别在两个不同的层面，首先是社会层面，接下来是心理层面。前者在人与人交往之中，后者在孩子自己的心中。"（维果斯基，1978，第57页）

但是这种资本正是主流白种美国人竭力拒绝的，他们不惜自降身份保持在"人类地图"（克拉克）上的地位。教师与学生都是历史与文化的产物，他们带着各自的身份来到这个名为"学校"的地方，便难以避免日常冲突。教室的文化是美国历史的大锅中炮制出的统治文化，其他任何文化都被拒之门外。这便是成绩差距背后最基本的问题所在。再多的修正方法，或是更密集的考试与更繁复的政策规则都无济于事。学术成绩差距只是更深层问题折射出的表象，直面我们的历史与其对学校里人际互动关系的影响，才有可能拯救这个国家，并为学术成绩差距画上休止符。

包括保罗·弗雷尔在内的一些人建立了教育的原则，即教育是解放的行为，像存钱一样把知识灌输到学生脑海里并不能称之为教育。这个观念是文化水平教育的基础。大量认知研究表明，教师只有利用学生过去经历创造出的认知结构，有技巧地挖掘学生已有的知识，才能让他们真正学到东西。长久以来，对非洲裔、拉丁裔美国人及美洲原住民文化的不尊重，深深植根于美国历史之中。因此，当教师面对来自这些文化背景的学生，常常失于履行这个教育原则。学校中许多“隐藏课程”（伯纳特）都默认主流文化比其他文化更加优越这个前提。因此，不论有意无意，老师们总打着为了学生好的旗号，控制来自劣势文化的学生的语言、行为以及认知结构。在这一过程中，非主流美国文化群组的学生被剥夺了植根于自身文化的智慧资本，而这正是他们深入学习的基础。我们不能一边违背教学基本原则，一边却还期待缩小学业水平差距。如果学校仅凭肤色或社会地位，将一部分学生挡在知识的大门之外，却让另一部分人自由出入，那么，这种所谓的学业水平差距永远不会缩小。

我国在教育公平上的失败，正是由于我们没有直面这种严重破坏教学的行为。美国正陷于它自设的两难之境。一方面，美国希望能达到立国文件中所要求的自由与平等。另一方面，国家却不愿面对将人按照肤色分为三六九等的屏障。我们的学校仍然是重蹈历史覆辙的“理想”场所。然而21世纪的情况让美国明白，复制历史只会造成难以承担的恶果。百年之内，原来的少数群组会变成多数，而如果占据人口大多数的群组仍然贫穷而无知，将严重威胁到美国整体的安康。

教育拥有变革社会的强大力量，如果教育者愿意直面美国历史为其塑造的身份与文化取向，便有望摆脱不平等历史的枷锁。在这一过程中，他们首先接受自我解放，然后才能解放学生。

几十年来，本书的作者们坚持通过唤醒提升文化水平的意识，为其创造有用的工具，借此唤起教育的灵魂。这本最新著作指明了在公共教育中，国家的历史与当今危机的紧密联系，让成年人了解与接纳文化水平的重要意义。

维果斯基所写的这段话界定了教师的角色，再一次为学生究竟需要什么样的教师提出了真知灼见。它让大家知道，我们追求的文化水平到底是什么模样。

“教师的工作尤其复杂。首先，教师必须正确对待学生个人行为的规律，也就是说，必须了解学生的心理；其次，教师必须尤其了解学生社会背景的社会动态；最后，教师必须明确知道自己教育活动的各种可能，合理加以利用，才能将学生的行为、意识及性格提升到一个新的层次”（1995，第17页）。

——西尔维亚·卢梭

参考资料

克里斯汀·伯纳特（Christine Bennett），《多元文化教育研究的流派》（*Genres of research in multicultural education*），《教育研究者》（*Educational Research*），第71卷第2期，171~217页，2001年夏。

小利昂·伯纳特（Lerone Bennett Jr.），《五月花号前，美国黑人史》（第五版）（*Before the Mayflower: A history of Black America, 5th ed.*），芝加哥，伊利诺伊州：约翰逊出版社，2003。

保罗·劳伦斯·邓巴（Paul Laurence Dunbar），《英国与美国——保罗·劳伦斯·邓巴诗集》（*English and American—The collected poetry of Paul Laurence Dunbar*），J. M. 布拉克斯顿编（J. M. Braxton, Ed.），《选择》（*Choice*），《中郡》（*Middletown*），第1卷第3期，453页，1993。

约翰•霍普•富兰克林、小阿尔弗雷德•A.莫斯（John Hope Franklin & Alfred A. Moss Jr.），《从奴役到自由：美国黑人史》（第六版）（*From slavery to freedom: A history of Negro Americans,6th ed.*），纽约：科诺普夫出版社，1988。

保罗•弗雷尔（Paolo Freire），《受压迫群体的教学法》（*Pedagogy of the oppressed*），M. B. 拉莫斯译 (M. B. Ramos, Trans.)，纽约州，纽约：赫德出版社，1970。

罗纳德•高木（Ron Takaki），《不同的镜像：多元文化的美国历史》（*A different mirror: A history of multicultural America*），波士顿：小布朗有限公司，1993。

列夫•维果斯基（Lev Vygotsky），《社会思维：高级心理发展过程》（*Mind in society: The development of higher psychological processes*），V. J.-S. 麦克•科尔编（V. J.-S. Michael Cole, Ed.），剑桥，马萨诸塞州：哈佛大学出版社，1978。

列夫•维果斯基（Lev Vygotsky），《L.S.维果斯基对教育理论、调研及实践的影响》（*The influence of L.S. Vygotsky on education theory, research, and practice*），V. V. 达维多夫编（V. V. Davydov, Ed.），《教育调研者》（*Educational Researcher*），第24期，12~24页，1995年秋。

序

文化水平：民主的范式

文化水平是一种思维模式，适用于从事有效跨文化实践的教育从业者。我们在构思与组织这本书的内容时，也召集了其他作者共同努力，我们都对更广阔而包容的民主充满热情，也都认为公共教育是实现这目标的中心环节。特里·克罗斯与麦克·富兰的研究为我们概括了道德为本与致力于全民民主两条路的诸多相遇之处。

克里斯与他的同事（1989）首先提出了文化能力与文化水平这个概念。文化能力的标准为本书的问题提供了框架：它们是“一套一致的行为、态度与政策，汇聚于一个体系、媒介或专业人员之间，并让这个体系、媒介或专业人员在一个跨文化情境下有效工作。”（第4页）

富兰（2003）为我们教育者的工作提出了道德目标的准则，即是“所有学生与教师在合乎需求的目标中都应受益；即使难度提高，也要缩小学术成绩好坏之间的差距；永远更进一步，追求更深层的目标；学校进行文化转型，直至前三个准则都能在其中持续进步。”（第31页）

作者的邀请

欢迎阅读本书，本书的原版《精通文化：给学校领导者的说明书》由兰德尔·B. 林赛、基赞扎·努利·洛宾斯与雷蒙德·D. 特勒尔所著，而本书也是其中一位或多位作者的第五本作品。

在这本书中，兰德尔与三位同事一起工作，他们一直在教育机构从事文化水平的培养：

- 史蒂芬妮·M. 格雷汉姆在洛杉矶郡教育局进行区域与全国工作，在本地学校进行文化水平与公平性的实践。
- 小R. 克里斯·韦斯特弗在加利福尼亚州圣胡安统一学区内部建立了有限的评估实例，并且在退休后，也为其他学区提供这样的服务。
- 辛西娅·L. 周运用文化水平实践，在加利福尼亚路德大学建立并管理领导与咨询项目，为专科与本科学生服务。

差不多三年前，我们四个会面时探讨，怎样才能促进大众的讨论与行动，来达到更高水平的成就，同时帮助历史上一直被苛待的学生弥补重要的教育鸿沟。我们中的三个都参与圣胡安统一校区的三年职业发展计划，希望在教育者们讨论运用评估数据指导满足学生需求的实践的优秀效果时，为他们提供文化水平的视角。我们中两个人在加利福尼亚路德大学读教育博士，和同事一起研究如何专门应对本地学校的需求，开设应用博士计划。本书的框架正来自于那时的讨论。

我们最初的重点是如何完善第六章提出的评估准则。改进评估准则是令一切得以立足的一环，没有它，教育者便无法让文化水平教育落到实处，应用于实践。虽然我们自始至终都不愿指明“如何做”，但也明白实施模式的重要意义。最后一年，我们每个人都有机会跟不同环境下的教育者共事，以检测这些评估准则的实用性。我们得到的反应多种多样——有的对我们的说明满怀感激，或开始发展出他们自己的评估准则；有的则因为他们某些行为正处于轴上“破坏性”“不具备文化能力”“盲从”的位置，而感到内心挣扎。

前方的任务

自2001年起，全国各学区便被要求“不让一个孩子掉队”（《有教无类法案》，简称NCLB，2001）。尽管有几个州在2001年之前便已经实行类似的计划，《有教无类法案》仍可说是将全国人民的目光聚焦到不同群组的学术水平差距上来。全国范围内，许多学校都受联邦资助，用于贫困学生的教育（例如一类学校，Title 1），这些学校以这项法案为契机检视学生的成绩数据，结果证实，一直受到学校良好照顾的学生，与历史上在各方面被边缘化的学生，二者之间确实存在成绩差距。

并且，国家教育进展协会（National Association of Educational Progress，NAEP）最近的数据显示，在全国各地，都有学区利用评估数据指导关于课程、教学及学习结果的决定，在缩小学术差距的道路上披荆斩棘，艰难前行（爱德华兹，2006；佩里耶、莫兰及鲁特克斯，2005）。而尚有其他学区，教育者常常因出身与社会地位而苛责学生，使缩小差距的道路举步维艰。这些教育者秉持狭隘而负面的种族、社会及文化偏见，认为这些条件决定学生是否好学，最终能达到什么样的成就。富兰（1993，1999，2003）反复强调，缩小学术水平差距是所有教育者的道德义务，我们必须超越自身立场，让来自各界的孩子都得到妥善的教育。

我们要知道，作为既得利益者的成年人正在试图打破教育的藩篱，让身陷教育与社会的裂缝的学生能在学术上有所成就。但是，尽管他们出于善意，不幸仍未能达成目标。讽刺的是，那些被P-12教育制度忽视或舍弃的学生，如今却要依靠由教师、辅导员、行政人员与家长或监护人组成的成年人群组，来创造能让他们学有所成的环境与条件。

本书引导读者从宏观的角度，看待整个国家争取民主的努力以及如何提升当地教育水平，让每个孩子都能享受公平的教育，取得学术成就。希望了解了过去与现状，我们能更充分地准备眼前的任务。除了让读者了解过去与眼前任务之艰巨，本书所做的远不止于此。

读这本书时，请一并参与三个主要活动：

- 收集、检视你学生的数据，
- 与同事讨论收集到的数据，
- 选择能够提供学生平等学习机会的教学方法。

这三个步骤希望你检视你的学校，收集相关的定性与定量数据，用文化水平搭建专业讨论的框架，并逐步缩小差距，这对学生来说至关重要，而学生对一切都至关重要。在第一部分，我们会介绍历史背景与为什么需要文化水平实践；在第二部分，我们会介绍收集与分析你学校的资料的机会；在第三部分，我们将为你介绍ABC案例研究中的学校，认识他们的流程与议案后自出机杼。

佩里耶等人（2005）指出，当今学术差距的数据表明，需要全面讨论如何让教育者在国际民主进程中发挥重要作用，要达到令P-12学校毕业的学生——

- 能适应高水平的学术环境，
- 能良好适应愈加多元化的社会，
- 能感受到自己与他人的文化，且态度积极。

在你设想这些目标时，可能考虑邀请更多利益相关人士加入调查过程中，来分担任务的责任，互相鼓励，共享成果。

兰德尔 • B. 林赛，埃斯孔迪多，加利福尼亚

史蒂芬妮 • M. 格雷汉姆，洛杉矶，加利福尼亚

小R. 克里斯 • 韦斯特弗，卡梅隆公园，加利福尼亚

辛西娅 • L. 周，卡斯泰克，加利福尼亚

第一部分
创造精通文化的学校

教学差距调查的根基是教育学生的意愿

我们写下此书，是为了给你提供一个收集并分析你学校不同学生群组的数据的方法，并依此做出决定，这些决定会影响：

- 学生的学术成绩模式
- 学生是否能接触到辅助课程，获取经验
- 教育者在讨论被认定为后进生的学生群组时的态度

这本书旨在参与到专业谈话的技巧与知识，你便可以满足学校中所有学生群组对学术及辅助课程的需要。我们撰写此书时要求书中三大部分的内容，都要为缩小成绩差距提供技巧或知识。而本书三大部分中的每一章，都在为你丰富知识、磨练技巧而添砖加瓦：

- 第一部分为学术成绩差距的问题提供了历史视角
- 第二部分为数据的价值、重要性以及局限提供了语境
- 第三部分指导你按照图1.1中的组织图为自己的学校建立一个档案

下一页中的图。1即是本书第一部分的组织图。在随后的介绍中，第二部分、第三部分，组织图将会逐步扩展，由图2.1与图3.1表示。三角形的三个角代表你在解决学校里的公平问题时将要收集的数据：

- 1号数据集，学生成绩数据（student achievement data），将在第七章中详述。

- 2号数据集，学生参与数据（student access data），将在第八章、第九章中详述。
- 3号数据集，教育者关于表现不佳的学生的谈话档案，将在第十章详述。

当你看到第二部分与第三部分的介绍时，会发现组织图增加了一些信息层，供你研习并结合到自己的工作中。最重要的是，你跟你的专业学习社群将得到有用的工具，以应对学生的学习及课外需求。

第一部分包含两个章节，你阅读后会反思自己在学校是如何面对各种文化背景的学生。假设你对教育的兴趣不会轻易消退（例如，助理、教师、顾问、行政人员、家长及相关人士），与其他教育者都致力于为所有孩子及年轻人提供高水平的教育，急于提高自己的知识与技巧。我们对于“高水平”教育的定义超越了对于经研究测试、通常狭隘的教学方法的关注，上升到惠及所有儿童与年轻人的更普遍的教育。谈及“成绩差距”时，我们会检视学生群组的学术表现，却并不会就此止步。我们也会涉及儿童与年轻人之间的成绩差距，他们受困于孤立的教育体制，无法在被阉割的课程中接触到不同文化丰富的历史、文学、艺术与音乐。

全国范围内勃然兴起的学校改革将成绩差距的问题抛在公众面前，似乎这是个全新的问题。自国家建立以来，公平差距问题已成为惯例，第一章便简要概括了这段历史。在美国，为平等公正的投票及受教育的权利而抗争，仍然是民主进程中戏剧情节的组成部分。教育者希望确保从理念到实际，不论学生属于哪个群组，都能受到最优质的教育，于是文化水平的概念应运而生。我们希望这一章能为您与其他读者提供一个历史背景，帮助你们今后做出正确的决定。

第二章回顾了提升文化水平的四个工具——文化水平的指导原则、文化水平连续体、提升文化能力的五个必要元素以及文化水平的阻碍。建议你与同事仔细阅读、研究及讨论这些工具，因为它们是运用第六章阐述的评价准则的基础。通过这些评价准则，你可以评估学校里的成年人在讨论过程中，是否将让所有学生取得优异成绩视为自己的责任，如果有，程度又如何。

每一章都以“仔细思考”这个板块开始，下面留有空格，可以记录你的答案，而这些答案就是你研究平等教育的自学日记。这些章节也提供“反思”环节，通过提问让你深入思考自己的实践行为及学习成果。

不要着急。阅读、思考、记录然后再阅读。这就是你的学习日记。

图1.1 教学差距调查

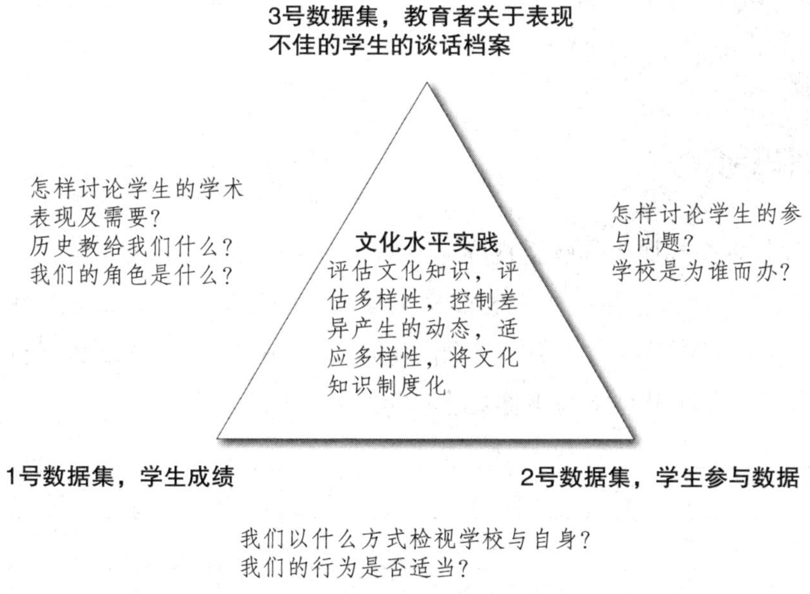

第一章　推进民主的道德必要性

必须建立高质量的公立学校体系，这不仅对把孩子送到这些学校的家长十分重要，对公益事业整体也意义重大。

——富兰（2003，第4页）

仔细思考

你是谁？你属于哪些文化群组？你会怎样描述你学生的文化？他们的文化认同是什么？你与学生们在文化身份上的认知差距对教学有什么影响？这种认知差距对学生的学习能力有什么影响？你为什么有兴趣读这本书？请在下面的横线上写下你对这些问题的回答：

____

____

____

____

我们为什么采用这种方法

对前文“仔细思考”环节中的问题，你也许会写出一些有趣的回答。你可能从没想过自己与学生文化身份的差距。或者，你曾经深刻思考过这些问题，却因为大多数同事对如此明显的问题似乎毫无所觉而烦扰。不论你写出什么样的答案，当下而言，都是正确的。

在阅读、思考与讨论本章内容时，你将会收获许多与专业谈话有关的重要背景知识，并且，学校中成绩差距已经超过当前改革规定的限度，这些知识还能帮你制定基本原则来缩小这些差距。想想“仔细思考”中的问题与其他参与者的回答。不要简单地同意或者不同意别人的观点，而是要在各种各样的观点中得到启发，从而掌握专业谈话的知识，并把这些观点当作更好地了解学校里各群组学业与社会需求的关键之匙。

本章中，我们全面展示学校中公平问题的来龙去脉，具体来说，为以下几方面：

- 过去的背景，包括对美国的公正与平等进行历史回顾。
- 现在的环境，检视造成如今学校中学习与成绩差距越来越明显的因素。
- 对缩小学习、资源及成绩差距相关的常见主题与典范做法进行回顾。
- 劝告承担缩小差距之责的个人或集体，须知这对孩子非常重要，而孩子本身关系重大。

过去的背景：对美国选举与教育的公正平等进行历史回顾

我们民主形式的政府有两大好处，即是选举权与免费的公共教育。然而，人民之所以能参与选举，接受教育，全赖举国上下坚持不懈，在斗争的道路上披荆斩棘。投票与教育这两项普遍的基本权利，首先被授予白人男性，接着是白人女性，最后才是有色人种。

1789年美国政府成立时，只有拥有财产的白人男性拥有选举权（哈德森，1999；科索尔，1984）。当时，美国大部分人，其中包括非洲奴隶与被解放的奴隶、第一民族人民（People of the First Nations）[①]、女性与没有财产的白人男性都不享有这个最基本的民主权利。民主的创造者引入了政府制度，而这个制度却未能达到完全的民主，还将许多群组排除在《独立宣

① 我们在这里用第一民族人民指称祖先在欧洲人到达美洲大陆之前便生活在这里的土著原住民。

言》（*Declaration of Independence*）与美国宪法（U.S. Constitution）的承诺之外，而这两份文件正是为了保障民主而立。讽刺的是，这些人当初被基本公民权利拒之门外，却用美国宪法赋予的立法、行政及司法工具，获得了选举权与其他基本权利，如财产所有权、接受公共教育与服兵役的权利。

19世纪中期，拥有选举权的范围才扩展至所有白人男性，而直到20世纪初期，又扩展至白人女性。相似的是，在19世纪上半叶，正式的教育几乎只提供给那些能够负担得起私人教育或教会学校的群组，使得白人男性的受教育程度完全不成比例。当时，教育将绝大多数的人口拒之门外，其中一个臭名昭著的例证便是许多州禁止黑人奴隶读书识字（道格拉斯，1845/1960）。拒绝教育，禁止某些群体接受教育，这些传统在这个国家如此根深蒂固，直到国家建立约80年后，教育委员会的第一任主席马萨诸塞州贺拉斯•曼（Horace Mann）才呼吁为所有的孩子建立免费公众教育，而正是这一举动促成了第一个义务教育法令的出台（理查德森，1980）。

19世纪中期到20世纪初期，美国义务教育法的受益者包括爱尔兰、德国、意大利与东欧国家等的欧洲移民。尽管这几个移民群体刚刚进入美国社会时，也处在底层地位，然而在两三代之内，他们便陆续出现在蓬勃发展的中产阶级之中。然而，尽管他们同样受尽剥削，在进入美国社会时却拥有第一民族与早期非洲裔美国人不具备的权利与优待（高木，1993）。这些事件都表明了美国教育从来不是能让各个群组公平竞争的竞技场，也展现了其中根深蒂固的不公平现象。

从技术角度来看，早在19世纪60年代的第13次、第14次、第15次宪法修正案中，非裔美国人与其他有色人种的美国公民就被赋予了选举、教育等基本权利，但直到1964年与1965年的《民权法案》，这些权利才真正落到实处（富兰克林、莫斯，1988；席格勒，1998）。2006年7月26日，乔治•布什总统签署延长《选举权法》有效期，则是我们国家现在仍存在不公平情况的例证，这在学校中也随处可见。

20世纪初，如今称为学龄儿童的孩子几乎没有人在六年级以后还继续学习（理查德森，1980；昂格尔，2001）。20世纪上半叶的工业扩张与第二次世界大战后的技术爆炸为今天全面的教育体制奠定了基础。很多人刚知道12年义务教育是不久前才发生的事时，都感到十分惊讶。2002年，27个州对义务教育的要求也只到16岁（国家教育数据中心，2005）。国家的贫困阶层迫于经济压力，选择停止学习，提早工作。不充分教育导致不充分就业、不完全补偿以及经年累月、甚至不可逆转的经济与社会的下层阶级划分。谁在学校接受教育，不论是公立、私立、个人还是地区范围，形成了恶性循环，也成为如今学校中不平等显而易见的根源。

争取平等的努力延伸至20世纪下半叶。墨西哥裔、亚裔、第一民族、贫穷的美国人、女人以及儿童只得诉诸法律，来争取和中产阶级男性白人享受同样教育的权利。诸如Meddez vs. Westminster (1947)，Brown vs. Topeka Board of Education（1954，1955），1964年《人权法案》，Lau vs. Nichols（1974）等法律案件，都显示了当时弱势群体争取平等的教育机会的努力。然而，20世纪下半叶教育公平对法律造成的诸多挑战，最终的结果却令人悲伤：教育界没有任何立法或司法检讨，来弥补教育机会的不平等。事实上，我们教育机构的人从来都沆瀣一气，维护现有的体制及做法，限制弱势群组享受教育机会及成果。

■ 反思

你对这份历史概览中提到的内容有何想法？如果有，这部分内容怎样促进或加深了你对自己学校教育差距现状的理解？还有国家的经济与社会的差距？

____

____

____

____

■ 成绩差距——1970年到现在

现在，尽管大多数教育者都意识到“成绩差距”的现象，但他们可能并不确定这个现象有多明显，我们是否成功缩小了差距，或者具体是哪个群组的学生受到的影响最深。20世纪70年代到90年代之间，缩小成绩差距确实取得了进展（格雷斯莫、弗拉纳根，2001）。据报告，从70年代到90年代，非裔美国人与白人学生的差距缩小了一半，而拉丁裔与白人的差距缩小了三分之一。然而，此后便再无进展。1990年到2004年，17岁的非裔美国学生在国家教育进展评估的阅读与数学测验中，成绩均有所下降。从那时起，白人学生与亚裔美国学生的差距便越拉越大，同他们的非裔、拉丁裔及第一民族同学间也是如此。

■ 我们对学术成绩差距所知的

要研究成绩差距，就要知道什么属于成绩差距，什么不是，还有哪个学生群组受其影响最深。成绩差距并非是随机抽出一些学生群组，得出每年都不同的随机结果。这里所说的成绩差距，是指随时间推移，白人学生与亚裔美国学生，同他们的非洲裔、拉丁裔及第一民族同学间的成绩表现模式。后三个种族人群的贫困现象并不成比例，因此我们不能将贫困视为了解成绩差距的交叉变量。但是，种族与人种划分却是更为突出的变量，令人不安的是，在有色人种学生身上明显镌刻着一种根深蒂固的成绩模式。成绩差距的根源是外貌的不同，这个事实很难令人接受，但还是要承认，比起经济差距，这个问题更多源于种族与民族差异。

这个国家的成绩差距与种族身份显著相关，这个事实令人深感不安。如果我们真的想缩小并弥补意义重大的教育差距，就必须直面文化相关性的这些残酷现实。我们必须深思，在为某些学生群组提供高质量教育时，需要什么，又必须克服什么。首要一点就是要明白成绩差距是人群性的（佩里耶，莫兰及鲁特克斯，2005；派斯科、海科克，2006）。

若想缩小并弥补教育差距，还要面临哪些残酷的现实呢？以下是我们对成绩差距的所知之事，但人们有时却宁愿不知道或选择忽视：

- 成绩差距有其历史根源。最晚至20世纪60年代，学术成绩差距便已被很好地记录并保存于文件之中（詹克斯、菲利普斯，1999；佩里耶等，2005；罗斯坦，2004）。

- 成绩差距可以量化。不同学生群组之间的差距可从以下方面记录，例如：
  - 年级分布与测验分数
  - 课程设置与选择
  - 升年级与毕业
  - 大学入学及毕业
  - 纪律规定与惩罚结果（海湾地区学校改革协作会，2001；哈佛公民权利及发展计划。2000；约翰斯顿、维阿德罗，2000）
- 不同学生群组间的差距在以下的量化数据中也十分明显：
  - 信仰及希望较低
  - 分配的资源不足
  - 课程教材中排除学生的背景
  - 教师资格或准备不足
  - 教师、学生、家庭之间关系紧张
  - 建筑或设施不足或不安全
  - 学生缺乏抵抗力或健康状况不佳，不能按规定上学或按时到校学习（海湾地区学校改革协作会，2001；约翰斯顿、维阿德罗，2000）
- 成绩差距问题遍布城市、城郊及乡村地区，根深蒂固（李，2002）。
- 成绩差距不只关于考试分数，与许多其他方面皆呈相关，如健康水平，入学准备，学习机会，参与教育项目及获得支持的机会，升级毕业以及包括上大学、选择工作、就业能力、薪资水平在内的离校后机会（伯林纳，2005）。

数据明显，结论清晰。成绩差距有它自己的脸孔，便是非洲裔美国人、拉丁裔、第一民族与贫困学生的脸孔。我们清楚以上种种原因造成的成绩差距，然而，除非我们能摘下眼罩，诚恳而严谨地看待、描述与讨论，不然，便不算直面这个问题。

约翰斯顿与维阿德罗（2000）关于成绩差距的系列研究的引用称，最晚至20世纪60年代，关于成绩差距便已建立了良好的记录文件，然而直到现在，教育者对这个话题的知识仍极度匮乏，这实在令人惊讶。如今，公立学校对考试成绩、高利害测验（译注：指测验结果对学生意义重大）及学校排名极其关注，它的责任也被提上台面，于是，学生群组间的成绩差距走进了公众视线。然而，与成绩差距相关的一些缓和因素对教育者是巨大的挑战，他们很难进行有效的讨论，更别说成功面对问题，最终，只会因为问题过于复杂敏感，将其抛之脑后。阻碍我们缩小成绩差距的有如下几点：强制要求学校将英语学习者与有特殊需求学生的考试分数加在学校责任报告里，缺乏符合资格的教师及教师培训，资金及其他资源不足，还有教师与行政人员更新过于频繁，而最后这点正发生在需要极高稳定性的职位身上。

尽管其中有些是我们必须学会适应的困境，但其他问题却应当立刻解决，才能扭转差距扩大之势。我们首先要摘下眼罩，停止因为表现不好就对教育服务不周的学生随意苛责，并且了解学生接受教育的阻碍是什么。这样，我们才可以破解造成差距的千头万绪，着手将缩小差距付诸行动。

■ 反思

本章这节内容的信息如何加深了你对成绩差距的认识？你掌握了哪些新的信息？你将如何利用这些信息缩小你学校里的成绩差距？

____

____

____

____

■ 当前导致成绩差距的因素

约翰斯顿、维阿得罗（2000）与McREL（译注：Mid-continent Research for Education and Learning，是一个致力于为教育理论和教育实践之间架设

桥梁的非盈利性组织，位于美国科罗拉多州首府丹佛市。)（2000）在研究成绩差距时，没有将成绩差距归结于单一的诱因，而是提出了几个最为广泛研究与接受的因素，用以解释非洲裔、拉丁裔与第一民族如今的学习与成绩差距。其中有些并非教育者所能控制，但大多数仍在我们的领域与直接影响范围内。下文指出了造成儿童成绩差距的一个因素。在你阅读时，请思考哪些问题是你能掌握的，你怎样做才能降低这些情况对表现不佳的学生的影响。

无效、令人脱离的教学

在表现差的学校，课堂总是课业松散，教学毫无效果，学生在上课时沉浸其中。McREL（2000）对成绩差距研究的回顾不断引用这一事实，与白人学生相比，非洲裔与拉丁裔学生选择容易的作业与课程的比例超出常规。McREL（2000）进一步指出，移民学生受限于僵化的按成绩编班的制度，学习独立课程，完全没有机会接触较难的课程。他们作为替代品“接受过时且无效的职业训练，对今后的工作毫无用处”（第2页）。

如果教师不能根据学习风格、学前准备、兴趣、经历与学生的语言文字风格做出不同的针对性指导，或是教师没有花时间了解学生，没有在学习经历与学生背景之间建立联系，那么，拉丁裔与非洲裔学生的学习效果便进一步打了折扣。如果教师不了解学生与其文化，便会误认为他们是因为缺乏学习兴趣与能力，才会有这样的学习模式与对权威的遵从，最终无法帮他们融入课堂讨论。这些学生游离于课堂之外，学习效果自然无法和积极参与课堂活动的同学一样（教育研究服务，2003；McREL，2000）。

教师资历不足

教育信托基金（The Education Trust）（海科克，2001）报告提出了充分的证据表明，学校的有色人种学生与穷困学生越多，该校教师资质未达要求的可能性越大，这种情况会对学生的学习与成绩产生长远而不可逆转的影响。根据派斯科与海科克（2006）记载，威廉姆·桑德斯研究发现，成绩较差的学生如果受水平最差的教师教导，在田纳西州立测试中平均只能得到14%的分数，但如果为他们提供最优秀的师资，这个数字可超过53%。派斯科与海科克总结道："要想制定成功的教育改革议程，解决师资力量的差距是其中最关键的因素"（第9页）。

有限的学前教育

根据维阿德罗（2000）的报告，与白人及亚裔同龄人相比，非洲裔与拉丁裔儿童缺乏优质的学校教育与日托项目。学前教育是为上学做社交、感情、身体与认知上的准备，意义重大。学前准备的差距可能在各种程度上耽误学习进度，这种情况往往不易被察觉或经常被误判，引发连锁反应，导致贫困与少数群组学生的学习成绩落后。

偏见、成见威胁与贫困学生的自我认识

各种微妙及公然的种族主义与偏见会影响师生关系，损害学习效果。文化差距越明显，受到歧视与偏见的机会越大。偏见表现出来危害巨大，会影响交流与互动，令意见不能自由沟通，并且阻碍试验，而这些都是学习的重要组成部分。

斯坦福大学的社会学家克劳德·斯蒂尔在1990年曾研究他非洲裔本科学生的表现焦虑。随后，他发展了"成见威胁"这个概念，来解释为什么有色人种学生的考试成绩较低。学生们担心会符合其他人强加给其种族的负面刻板印象，而一旦感受到这种威胁，他们便会错误看待学术任务，并淡化其重要性（奥布，1992；奥布、马图特-比安奇，1990；斯蒂尔，1995）。如果教育者主张教育公平，想知道为什么一些有色人种学生不愿意完成严格的学术任务，斯蒂尔与奥布的观察正为他们提供了关键信息。

另外，据McREL（2000）引用，盖伊指出了自信、努力与学术成就之间的关系。不论什么种族，成绩较差者对于脱离控制的外部因素毫无作为，甚至不愿意尝试。无法通过努力获得成功会造成恶性循环，一次失败导致再次失败，学生便会觉得深受外部因素之害，无能为力。马尔扎诺（1998）认为，教师要帮助学生相信他们可以最大限度提高能力，通过努力获得成功。

教师期望过低

有充足的证据表明，有色人种学生的教育准备不充分，与教育及社会对他们的期望过低有关。由于对这些学生的表现期待过低，在少数群组学生与贫困学生较为集中的学校，教育资源经常被缩减。最近的Williams vs.加利福尼亚州案件是一次代表贫困后进学生的集体诉讼。此案强力佐证了期待过低会导致教育资源缩减以及教学设施不足。反正，社会从来没有期待这些学生能取得成功。

自相矛盾的科技应用

电视、录影机、音乐播放器、游戏机及手机短信等电子设备易于接触，学生容易沉迷其中，在这些设备上花费时间会分散学习的注意力。同样，如果学习没有了电子设备或技能建立，便显得无关、过时、无用且陈腐。对于有色人种与贫困学生来说，在个别教学上使用高科技，其效果远不如利用科技作为一种学习方式（如：作为学习交流的生产力工具）。大量证据表明，有色人种学生、贫困生以及有特殊需求的学生，更多的是从技术学习，而不是用技术作为辩证思考的工具来学习（格伦·沃尔德，2002；普林斯基，2006；所罗门、艾伦及雷斯塔，2003）。

测验倾向性

尽管大多数心理测验师认为考试不可能做到“文化真空”（ 卡特尔，1979；帕斯卡尔，1971；泽克，1998），但标准化测验中是否存在对某些群体不利的文化偏向依然值得商榷。如果将标准、课程、资源及测验因素一同纳入考量，那么测验偏向的问题理所应当上升为课程偏向。毫无疑问，现行的课程缺乏许多学生的故事与视角。如果教学实践没有反映出学生学习及语言的模式风格，那么便不难理解，为什么有些学生在教学资源、策略、进度、评估一刀切的课堂上处于劣势。

贫困

拉丁裔学生陷于贫困的机会是其白人或亚裔同龄人的两倍（柏林纳，

2005；维阿德罗，2000）。贫困便意味着卫生保健的匮乏。并且，贫困儿童更容易接触到诸多环境危害，如污染、含铅油、害虫侵扰与其他安全危险。日积月累会危及他们的生活标准与学习准备。贫穷的恶果代代相传，令一个文化群体陷入更深的绝望之中，让他们的学术成绩雪上加霜。

高流动性

与贫穷相伴随的，便是家庭为了寻找更好的工作、增加收成、更低的房租或与亲戚同住，而频繁搬家。如果学生不停转学，交新朋友，适应新的老师、学校与课程，而课程又往往与之前的学校衔接不上，他们的成绩自然会落后于人。另外，如果学校的转学生较多，教师会减慢所有课程的进度，非转学生也会受到影响。慢慢地，经常搬家的学生便会发现，他们的成绩远远落后于环境更稳定的同学。

■ 反思

在你的学校，你觉得哪个因素是影响学生学习并造成成绩差距的原因？你如何缓解这些情况？

在提高后进生群体成绩的高压之下，学校积极采取措施缩小成绩差距。一些成功案例背后的故事渐渐浮出水面，并展现出共通之处。根据加利福尼亚州教育部（2000）的会议论文《对高度贫困但成绩优异学校及加利福尼亚全州学校资助体系研究的一致性分析》（*Analysis of Convergence in the Research on High-performing, High-poverty Schools, California's Statewide System of School Support*），成功缩小成绩差距的学校与学区显示出五个重要的研究链。文献综述（卡特，1970；海科克，2001；约翰逊，2002；皮库希，卡力克阿特，布朗森，卡勒特及索贝尔，2002；里夫斯，2000）部分展示了当前缩小成绩差距的最佳案例。并且，尽管每个研究提出的具体策略都略有不同，从一些关键因素的共同之处中，仍能总结出指导少数群组学生集中的学校缩小成绩差距的总体原则。综合缩小差距的因素的共通点，成功达到目的，为缺乏教育服务的学生做到这点的学校与学区是这样做的：

- 关注学术成绩，给予其最高优先级；
- 让所有利益相关者参与到高质量、严要求的教学活动中；
- 坚持教师团队协同合作；
- 对学生成绩保持较高期望；
- 令员工职业发展与教学标准挂钩；
- 利用全州与本地标准，引入责任制，激励教师努力提升成绩；
- 创造家庭式学校与学校式家庭，让家长作为伙伴参与学生的学习；
- 利用调研与数据促进持续进步；
- 维护安全、有秩序的校园环境，有助学生学习；
- 建立并保持强有力的现场领导；
- 再分配与发展资源，积极追求并坚持现场目标；
- 延长教学时间，及早干预；
- 遇到混乱、挫折、艰难与失败时，坚持不放弃；
- 密切关注学生的进展；
- 保持学术成果。

你可能在想，上述的策略知易行难，麻烦的是细节。你可能会问，“我/我们应该怎么做？第一步是什么？”我们认为，促使你努力的问题不该是“怎么做”，而是“为什么”与“为了谁”。布洛克（2001）认为，“怎么做”的答案便是“是的，去做吧”。换句话说，如果没有全力以赴，在教师团体与整个社会之中缩小成绩差距的决心，无论策略多么得当，都不会起任何作用。只要全身心投入为最需要的学生提供更优质教育的事业中，以此为目的合理分配资源，成功将不可阻挡。

你要开始的工作和你以前做的没什么不同。你知道怎样去做；你只是要从另一个角度做。你将会逐渐认识到，许多出于善意的办法与行为都加深了成绩差距，但如果转换了角度与工作重心之后，随之而来的便是合作与成功。

■ 反思

在你的学校，缩小学生的成绩与机会都面临哪些挑战？描述你的学校在缩小重要的学习机会差距与成绩差距方面，可能取得的进展。你在自己的实践中，看到了哪些机会？

____

____

____

____

____

为缩小成绩差距负有个人及集体责任的忠告

全社会忽视某些群组教育需求不仅是由于信息匮乏，从大众传媒到政府委托的研究，再到主流期刊文章，都有大量关于他们获取教育资源的障碍描述。拉尔夫•埃里森在他的杰作《隐形人》（*The Invisible Man*）（1952）中，向我们展示了一个非洲裔美国人的视角，应当引发社会的警醒。尽管埃里森的这部小说在20世纪50年代十分流行，并且一直居于美国高中及大学的书单之上，然而，书中传达的对“隐形”的思考，似乎并未引发主流群组的共鸣。汤姆•卡特（1970）为美国民权委员会（US Civil Rights Commission）的研究便记录了针对墨西哥裔美国学生的教育忽视。在近期的《三角洲事件》（*Phi Delta Kappen*）中，斯塔恩斯（2006）追溯了第一民族学生遭受忽视的历史，并指出对教育者来说，了解不同群组的学生的文化历史背景非常重要。

无论是由于哪种原因——缺乏兴趣、缺乏能力、教师的预期还是相信所有学生都应该平等获得在学术及社会上成功的机会，对成绩差距缺乏认识都可能是一种善意的忽视。然而，如果仅仅因为性别、语言或肤色，便导致不同学生群体间的成绩差距，这种忽视便绝对与善意无关。在美国，缩小不同文化与经济群组间的教育差距，是所有美国人共同的努力方向。忽视这种差距，甚至责怪这些缺乏资源的群组表现不佳，便是在撕碎国家赖以建立的民主之繁华锦绣。

21世纪初，为缩小学术、机会及成绩差距，我们被裹挟在各种地区、州级甚至联邦级的改革计划之中，其中最具争议的便是《有教无类法案》（2001）。如果说这些计划确实起到了什么社会作用，那便是让人们注意到50余年来，一直被政策制定者与教育者们忽视的明显事实，那便是，与白人及中产亚裔学生相比，低收入家庭、非洲裔、拉丁裔与第一民族的儿童及年轻人，在阅读与数学成绩上普遍落后。

文化水平较高的教育者不会继续忽视某些学生群组隐伏的教育不足。相反，他们会响应富兰（2003）号召的“道德律令”，检视并改善教育行为。他们明白，学生表现不佳是因为教育系统未能提供充足的教育。他们也知道，讨论的焦点必须从学生怎样表现不佳，转移到所有成年利益相关者是怎样对学生与家庭疏于尽责的。转变视角是建立缩小差距教育的第一步，新的教育必须富有同情心，镌刻在道德责任之中，以此发展国家的民主根基。

若想取得进展，我们必须全力以赴，不论前途艰难，也不论需要多少人力物力，都要为缩小成绩差距而努力。我们必须对挑战说“来吧”，而不是让“我们该怎么做”从中作梗。现在，是美国教育史上首次，教育者们被迫全面检视学校之间人力、资本、财政及政治资源分配不均的基本问题，而这正是导致成绩差距的罪魁祸首。尽管全国许多教育者及政策制定者会继续争论各州及国家的作为有何弊益，还是会有少数像你这样的善良之士，勇于对挑战说“来吧”，实践本书中列出的首要步骤，直面国家未能为所有儿童提供高质量教育的现实。

每一个教育者、每位家长，以及所有的利益相关者，如果你还想参与到全面提升国家民主的进程中，现在正是时候。国家教育进展评估的成绩差距数据（佩里耶等，2005）令教育者要不惜一切代价，让学生跟上高水平的学术教育，适应越发多元化的社会，并且对自己及他人的文化有感知能力。

■ 反思

你将怎样让同事尽职尽责，以及如何促进具有挑战性的讨论、数据分析及行动？

第二章　提升文化水平的工具

如果不喜欢某件事，就去改变它；如果改变不了它，就改变你看待它的方式。

——玛丽·英格尔伯特（2006）

仔细思考

当你听到同事、家长或社区成员在评论与你文化不同的群组时，语含嘲讽，你会怎么做？想想上一次你对这样的评论不做回应的时候。当时你感觉如何？你希望你做了什么？你希望学习什么，来让自己在这样的情况下更加积极主动？

____

____

____

____

我们在第一章中了解到，成绩差距有其历史根源，由来已久。如果想要缩小差距，所有怀抱善意、见多识广的教育者以及非教育界人士必须戮力同心。作为本书的作者，我们的工作就是号召大家将成绩差距视为我们共同的问题。我们在第一章已经说过，对于贫困、非洲裔、拉丁裔及第一民族学生的教育不足并不是新的问题。在各种与此有关的讨论中，我们希望引入全新的视角，即是在关注教育者行为的同时，如果我们将目光从我们或学校制度需要什么，转移到学生的文化身份以及学生真正需要什么，便能有所作为。

文化水平的视角

文化精通一词指的是在跨文化情境中仍能游刃有余。在本书中，文化精通指的是在教学中，通过了解、重视及利用学生的文化背景、语言与学习模式，教育学生达到较高的水平。提升文化水平的一个核心原则认为，改变是由内到外的过程，在此过程中，学生首先要符合他自己设想的身份。一个人必须清楚认识自己的设想是什么，才能从提升文化水平的因素中受益，并且改变阻碍的因素。同样，学校的教学实践与政策对提升文化水平有利有弊，教育者也要运用这个由内到外的过程做出检视。对个人或组织来说，这种检视自我的能力，正是解决成绩差距问题的根本。

文化水平（克罗斯、巴兹隆、丹尼斯及艾萨克斯，1989；林赛、努利·洛宾斯及特勒尔，2003；林赛、罗伯茨及坎贝尔琼斯，2005；努利·洛宾斯、林赛、林赛及特勒尔，2006）为学校领导解决眼前问题提供了全面而系统的结构。提升文化水平的四个工具为教育者们提供了评估与改变他们自身的价值观及行为的方法，同时检视与修正服务于社会的学校政策与实践。我们预先为政策及实践设想了什么结果，对文化水平毫无意义，它只关乎我们实实在在做成了什么。第六章中讲述的文化水平评估准则便应用了提升文化水平的四个工具，希望能帮助你检视已经得到的成果。如果你在自己实践时得到的结果或数据并不令人满意，这些工具能帮你重新认识你的出发点，达到更好为学生服务的效果。

提升文化水平的四个工具

精通文化是一种心态，体现了一个人的世界观。对投身于提升文化水平实践的人来说，代表一种范式的转变，从将不同于己视为麻烦，转变为看怎样与不同的人共事并保持高效。文化水平包括四个互相联系的工具，如果正确运用，便能帮人提升自己对他人的服务。这些工具不是策略或技巧。它们能让你知道，如何以提升文化水平以履行职业责任。精通文化或具备文化竞争力，可以表现在使用评估数据、进行课堂指导、与家长及各个群组交流以及规划职业发展等方面。履行属于教育者职责的任务，完全不需大声宣扬“文化水平”这个词语。

第六章描述了如何有效利用文化水平的评估准则，这些描述皆建立在读者已经知道并理解提升文化水平工具之上（克罗斯等，1989；林赛等，2003；努利·洛宾斯等,2006）。提升文化水平的工具——指导原则、障碍、连续体以及必要元素互相结合，为你分析自己的价值观、行为以及学校的政策及实践提供了理论框架。

这一部分概述了每个工具的突出特点以及它们如何让评估准则切实可行。指导原则与障碍提供了完善评估准则的语境。连续体与必要的元素是建构评估准则的轴心。

- 在个人或组织接触到多元文化时，文化水平的指导原则帮助他们认识自己的**核心价值**。
- 文化水平连续体提供了一种**语言**，用于描述健康或不健康的个人价值观、行为以及组织的政策及实践。另外，连续体可以帮助你评估现状，预测理想状态。在这个连续体上移动，代表你的观念从容忍多元化到为公平而变革的转变。
- 文化竞争力的五个必要元素，是个人树立正确价值观及行为、组织正确制定政策及实践的标准。
- 确定提升文化水平的障碍，这一部分为个人及其组织提供了克服变革阻碍的工具。

文化水平的指导原则

指导原则所提供的框架，不仅检视了学校的核心价值，同时探讨了学校进行学术自我检讨时，奉行的理论在实践中产生了什么偏差（阿吉里斯，1990；施恩，1989）。文化水平的指导原则，与每个原则在学校的例子如下：

- 文化是个人与组织生存的主导力量

例证：假日、宗教信仰、英雄以及体育兴趣都是文化影响学生、教育者及家长的例证。

- 主流文化对每个人的服务程度不同

例证：课程所代表的群组处于成绩差距的上层，他们进入大学的机会更大，这些人得到了主流文化最佳的教育服务。同样，主导课程材料编写的是主流文化的成员，绝大部分教育者也都是从这个群体中输出。

- 人具有群体身份与个人身份

例证：每位教育者、家长、监护人、学生及社群成员都是独一无二的个体。同时，他们每个人都有属于某个性别、性取向或者宗教群体，他们了解自己的种族背景，几乎都属于某个正式或非正式的群体。在小学，我们能分辨二年级与五年级的学生，同样，在中学，我们也能区分运动员与法文学会的成员（尽管二者可能有所重叠）。

- 文化内部也会广泛多样，差异显著

例证：拉丁裔、非洲裔美国人、白人、亚洲人或太平洋内陆居民都是大类，其内部有各种民族、宗教群组、性别群组与社会阶级群组。在学区里，我们总提到不同学校间、同一学校的各年级或学院间的组织文化差异。

- 每个文化群组都有独特的文化需求

例证：在学校中，我们看到许多不同的文化需求，比如学习需求多种多样，庆祝的节日不同，性别角色各异等。我们经常发现，在同一学区的学校之间，小学、初中、高中的教育者职业发展的方式也千差万别。

你还可以添加什么解释？

林赛等人（2005）写道：

> 了解并认可这五项原则，在你的行为中彰显它们，是文化水平领导力的体现。你选择遵照这五项原则实施领导行为，便是在向学校传达一则强烈的信息——你尊重多样文化，并且希望每个人都这样。事实上，这些指导原则是你们评估自己认可并尊重多元文化进展的态度指标。尽管评估结果可能骇人听闻，但单凭这并不足以激发提升文化水平的行为（第52页）。

指导原则提供的框架，让教育者知道如何根据学生的多样性进行专业实践，以回应回升的学习需求。如果你的学校或学区有使命宣言、任务宣言或愿景陈述，你可以好好看看它们提及的价值是否与学校的主流行为相符。你应该会读到“所有学生”“尊重多元化”“21世纪教育”或“高科技技能”等字样。领导层的行为是否与这些表述相符？

____

____

____

____

文化水平连续体

连续体上的前三点代表有问题的（即破坏文化、不具备文化能力及文化盲从），后面三点着重于我们的行为（即具备文化能力之前、具备文化能力、文化精通）。前三点指学生在文化水平方面表现不佳，后三个方面指我们为学生及他们的群组提供的服务不够（由内到外的方法）。下面是连续体上六个点的解释：

- 破坏文化——力图消灭其他文化的残留印记

例证：奴隶制度、美国西部扩张等事件都导致第一民族几乎灭亡，但如今的学校课程却极力忽视历史上这些臭名昭著的事实。某些群组成绩落后的情况已持续多代，如今，从身体攻击，如殴打同性恋，到教育实践都让这种趋势更加难以扭转。

- 不具备文化能力——试图为其他文化证伪

例证：历史上如《移民排外法》的立法事件，严重伤害了亚洲移民。二战期间，利用行政命令将日本裔的美国公民关押在重新安置的营地，还有直到20世纪下半叶，全国性的雇用歧视仍然在法律许可范围之内。如今，学校内的例子包括如果某些文化群组的家长不参与学校活动，便会被公开认为不关心孩子的教育，还有，教师称在教导“正常儿童”时，他们的工作表现更好。

- 文化盲从——拒绝承认其他人的文化

例证：历史证据包括拒绝承认甚至看见女性、非主流种族群体、同性恋群体的艺术、体育、经济及政治成就。如今，学校的文化盲从在我们的同事身上表现出来，他们声称“看不见肤色”。如果不是《有教无类法案》迫使他们参与讨论，他们对成绩差距就一直全然不觉。

- 具备文化能力之前——了解自己在多元文化环境中缺乏的知识

经过这个初级阶段之后，人或组织能够向着积极、有建设性的方向前进，或者他们能够犹豫、停止，甚至可能回归正途。

例证：最近，为解决后进生的需求进行了无数次尝试，包括“腾飞计划”、以性别为基础的院校以及“追踪成绩”的能力分组。寻求给所有学生最好的服务的教师的不同之处在于，如果某个项目或方法不能保证公平，他们便立刻停止，然后继续调查、学习，实施能惠及所有学生的教学实践。

- 具备文化能力——将个人或组织的工作视为一种互动型安排，教师身处其中，能依附于不同于己的文化，进入多元文化环境

例证：教师知道学校中的种族群体构成是不断变化的，并能调整课程与教学行为，使其“适应并回应如今坐在教室里的学生的需求，而不是曾经在这里的学生”。在这样的课堂上与学校里，文化是教育者日常讨论的一部分，会根据需要制定语言提升策略，尽管学生中没有某些少数种族，仍会在课程中加以充分介绍。

- 文化精通——为了更好地满足各个文化群组的教育需求，终身学习。有远见，知道在学生成功的路上，什么是或者可以促进里程碑式的评估

例证：努力达到文化精通的教育者承认并重视职业发展，秉持“做对所有学生都正确的事”的态度，认可社会公正的价值，提倡将学生与各群体纳入其职业责任的常规部分。

文化能力的五大必要元素

这些元素是用来建构每个矩阵的两项工具中的第二个。对于文化能力的价值、行为、政策及实践，这些必要元素是其评判标准：

- 评估文化知识——清楚关于别人的文化你知道什么，你怎样对其他文化作出反应，在跨文化情境中你需要做什么。
- 尊重多元化——努力使持不同观点与经历的人参与进来，在讨论、做决定与解决问题时汲取丰富的观点。
- 驾驭差异动态——将冲突视为具有文化背景的正常而自然的过程，可以理解，并且能推动创造性地解决问题。
- 适应多元化——愿意了解他人，提升在教育中运用其他文化经历及背景的能力。
- 将文化知识制度化——在你时刻进行的学习过程中，让了解其他文化群组、他们的经历及观点成为其中的必要部分。

了解文化精通的障碍

指导原则为提升文化水平的行动提供了道德领航，但实现这一目标还要经历重重障碍。文化精通的障碍分别是：

- 拒绝改变
- 压抑的制度
- 权力意识

在一些言论中，这些障碍表现得尤其明显，比如：“要改变的不是我。这么多年我一直是个好老师，那些孩子／家长才应该变聪明点！”同样，

大多数人都承认社会中仍然存在种族歧视、种族中心主义以及性别歧视，但他们往往认识不到，如果一个群组因为制度压迫被剥夺某些权利或特权，这些权利或特权就会在不知不觉中归于其他人。一个人只有认识到自己的权利，才能做出有益于儿童及青年教育的选择。

关注非主流学生的成绩问题时，大多数教育政策制定者与教育者都会经历沟通分歧。这种沟通上的分歧并不显露在表面上，往往是由于教育者不能看见非主流的社会经济、种族、民族、性别或语言群组，一直以来并且现在仍然在面对的阻碍。这种选择忽视让主导群组成员产生出一种优越感与权利意识。制度压迫给非主流群组的成员设置障碍，与之相伴的特权与权利制度也在为主流群组的成员设置障碍。优越感与权利意识造成的障碍包括对现实的错误认识，损害了他们用道德手段满足非主流群组学术及社会需求的能力。

处于优势地位的教育者，往往对非主流群组的家长做出偏见性的假设。这种假设的典型评论如：

“他们的家长不会参加家长会的，他们根本不关心孩子的教育。”

“为什么要费力气帮他们呢，反正他们最后都是抢劫犯，跟他爸爸一样！”

“我为什么要了解他们的文化？这里是美国，应该是他们了解我们！”

说出这些话的教育者需要用不同的视角、工具及结构去了解他们的学生，学生们面对的困难以及他们想在学校中成功尤其需要什么。教育者们必须主动展开谈话，讨论与他们不同的学生家长应如何表现与学习。文化水平提供了一种方法，将妨碍某些群组取得成功的假设与价值观摆到台面上，同时也提供了一种视角，让我们检视在教育过程中，如何接纳并尊重所有学生的文化及学习需求。

■ 反思

你对自己关于文化水平的知识感觉是否满意？你还有什么问题？关于提升文化水平的工具，你还想了解什么？这些文化水平工具能帮助你与学校成员缩小文化水平差距，你怎样看？

深入阅读

如果关于提升文化水平的工具，你还想了解更多知识，下面是建议的话题与书目。

提升文化水平的指导原则

基赞扎·努利·洛宾斯、兰德尔·B. 林赛、德洛丽丝·B. 林赛及雷蒙德·D. 特勒尔（Kikanza Nuri Robins，Randall B. Lindsey，Delores B. Lindsey & Raymond D. Terrell），《文化水平指导：给教育者的指南书》（第二版）（*Culturally proficient instruction: A guide for people who teach*，*2nd ed.*），千橡市，加利福尼亚州：考文出版社，2006，17~24页。

兰德尔·B. 林赛、拉雷恩·M. 罗伯茨及富兰克林·坎贝尔琼斯（Randall B. Lindsey，Laraine M. Roberts & Franklin CampbellJones），《精通文化的学校：给学校领导者的操作指南》（*The culturally proficient school: An implementation guide for school leaders*），千橡市，加利福尼亚州：考文出版社，2005，17~50页。

兰德尔·B. 林赛、基赞扎·努利·洛宾斯及雷蒙德·D. 特勒尔（Randall B. Lindsey，Kikanza Nuri Robins & Raymond D. Terrell），《精通文化：给学校领导者的说明书》（第二版）（*Cultural proficiency: A manual for school leaders, 2nd ed.*），千橡市，加利福尼亚州：考文出版社，2003，159~165页。

文化水平连续体

基赞扎·努利·洛宾斯、兰德尔·B. 林赛、德洛丽丝·B. 林赛及雷蒙德·D. 特勒尔（Kikanza Nuri Robins，Randall B. Lindsey，Delores B. Lindsey & Raymond D. Terrell），《文化水平指导：给教育者的指南书》（第二版）（*Culturally proficient instruction: A guide for people who teach, 2nd ed.*），千橡市，加利福尼亚州：考文出版社，2006，77~105页。

兰德尔·B. 林赛、拉雷恩·M. 罗伯茨及富兰克林·坎贝尔琼斯（Randall B. Lindsey，Laraine M. Roberts & Franklin CampbellJones），《精通文化的学校：给学校领导者的操作指南》（*The culturally proficient school: An implementation guide for school leaders*），千橡市，加利福尼亚州：考文出版社，2005，53~78页。

兰德尔·B. 林赛、基赞扎·努利·洛宾斯及雷蒙德·D. 特勒尔（Randall B. Lindsey，Kikanza Nuri Robins & Raymond D. Terrell），《精通文化：给学校领导者的说明书》（第二版）（*Cultural proficiency: A manual for school leaders, 2nd ed.*），千橡市，加利福尼亚州：考文出版社，2003，84~91页。

文化能力的必要元素

基赞扎·努利·洛宾斯、兰德尔·B. 林赛、德洛丽丝·B. 林赛及雷蒙德·D. 特勒尔（Kikanza Nuri Robins，Randall B. Lindsey，Delores B. Lindsey & Raymond D. Terrell），《文化水平指导：给教育者的指南书》（第二版）（*Culturally proficient instruction: A guide for people who teach, 2nd ed.*），千橡市，加利福尼亚州：考文出版社，2006，39~50，107~188页。

兰德尔·B. 林赛、拉雷恩·M. 罗伯茨及富兰克林·坎贝尔琼斯（Randall B. Lindsey，Laraine M. Roberts & Franklin CampbellJones），《精通文化的学校：给学校领导者的操作指南》（*The culturally proficient school: An implementation guide for school leaders*），千橡市，加利福尼亚州：考文出版社，2005，87~102页。

兰德尔·B. 林赛、基赞扎·努利·洛宾斯及雷蒙德·D. 特勒尔（Randall B. Lindsey，Kikanza Nuri Robins & Raymond D. Terrell），《精通文化：给学校领导者的说明书》（第二版）（*Cultural proficiency: A manual for school leaders, 2nd ed.*），千橡市，加利福尼亚州：考文出版社，2003，112~122页。

精通文化的障碍

基赞扎·努利·洛宾斯、兰德尔·B. 林赛、德洛丽丝·B. 林赛及雷蒙德·D. 特勒尔（Kikanza Nuri Robins，Randall B. Lindsey，Delores B. Lindsey & Raymond D. Terrell），《文化水平指导：给教育者的指南书》（第二版）（*Culturally proficient instruction: A guide for people who teach, 2nd ed.*），千橡市，加利福尼亚州：考文出版社，2006，59~76页。

兰德尔·B. 林赛、拉雷恩·M. 罗伯茨及富兰克林·坎贝尔琼斯（Randall B. Lindsey，Laraine M. Roberts & Franklin CampbellJones），《精通文化的学校：给学校领导者的操作指南》（*The culturally proficient school: An implementation guide for school leaders*），千橡市，加利福尼亚州：考文出版社，2005，103~124页。

兰德尔·B. 林赛、基赞扎·努利·洛宾斯及雷蒙德·D. 特勒尔（Randall B. Lindsey，Kikanza Nuri Robins & Raymond D. Terrell），《精通文化：给学校领导者的说明书》（第二版）（*Cultural proficiency: A manual for school leaders, 2nd ed.*），千橡市，加利福尼亚州：考文出版社，2003，217~230，244~271页。

第二部分
了解学校的群组

让知识引导教学差距调查

本书的第二部分旨在帮你了解你的学校，来为所有的同学服务。直到最近，我们教育者仍没有将成绩差距视作工作重心。在这一部分，我们将通过图表，展示哪些人在学校未接受良好的教育，哪些人在现行的教育体制下享有优待，从而造成我们称之为成绩差距的教育动态。

在第二部分，我们将为你介绍怎样研究自己的学校，确定什么方式有效以及哪些地方仍有待提高。须知我们一直使用同一个指示框架贯穿全书始终——你的学校。你可以将书中的工具应用到你的课堂、你所在的年级、部门、学校、区域的校群甚至学区。下页的图2.1在第一部分介绍的图1.1的基础上作了扩展，介绍了第三章至第六章的内容，并为数据的价值、重要性及限制提供了语境。

第三章有两个主要目的——利用国家教育进展评估（NAEP）2004年的数据绘制全国学生的成绩趋势以及为本地学校的评估及计划介绍同龄群组模型（Peer Group Model）。第四章介绍了为什么人口统计变量是讨论缩小成绩差距的基础。对我们共事的许多教育者，讨论种群数据会令他们备感不适，甚至勃然大怒。这种反应在我们学校十分常见，同时也意味着需要进行沟通与对话。这一章就是将这些重要的信息介绍给你：

- 需要时，用来比较不同群组的同龄群组模型，借以改变教育实践。

- 怎样不费力气找到你学校或学区的相关数据。
- 标准评估数据及常模参照数据。
- 行为及程序存取方式，借此了解你学校不同群组学生情况的全景。
- 确定你需要收集学生信息类型的方式。

第五章综述了如何一步步计划并实行教学差距调查的深度自我研究过程。第六章介绍了你在学校进行制度变革的关键点，四个评估准则：

- 评估与问责
- 课程与指导
- 家长社区交流及延伸
- 职业发展

图2.1 教学差距调查

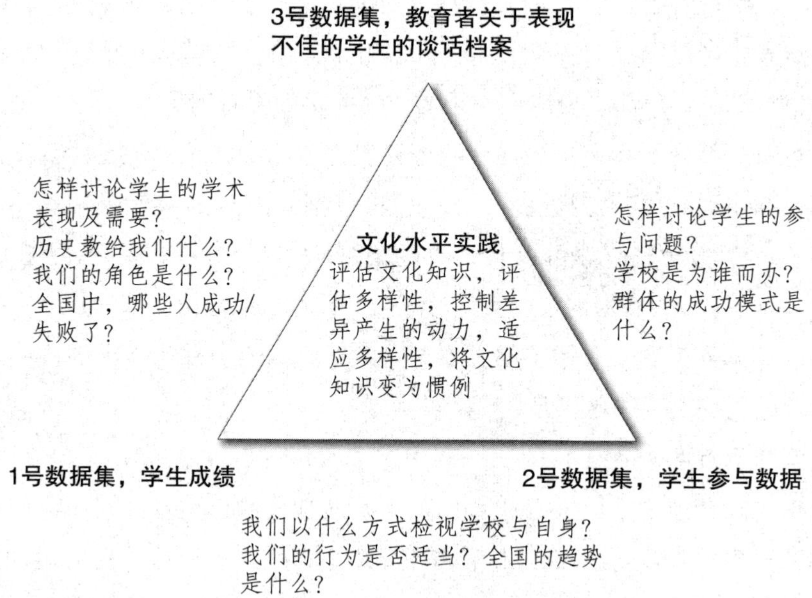

第三章　NAEP数据指明的方向及其局限

谎言有三种：谎言、可恶的谎言、数据。

——本杰明·迪斯雷利

仔细思考

想想你与同事是如何利用班级、年级、学部、学校以及学区的数据做出知情决策的。你们使用哪些种类的数据？根据数据做出了什么样的决策？

请在下面空行内写下你的答案。

____

____

____

____

几乎所有的教育者都曾经听过或重复过上面这些看似嘲讽的问题。我们消费者无时无刻不被各种推销技巧包围，他们言之凿凿地称这是最好的香皂，那款汽车性能最佳，或者这是最能代表"***X***"时代的一首歌。在这个一切为了揽客的社会中，我们不由得对数据是否滥用产生怀疑。然而，如果用法得当，数据可以帮助你做出日常甚至影响学生生活的长期决策。

在本章中，我们通过量化、解释、展现的方式向你介绍成绩差距。若想了解成绩差距，就要学会分析、解释数据信息，这样才能做出负责任的教育决策，设立缩小成绩差距的目标。因此，这一章旨在加深你对两个数据的理解，它们是认识并成功解决成绩差距的基础：

- 国家教育进展评估（NAEP）过去及现在的重要数据，记录了已明确定义级别的不同群组间的成绩差异。
- 效应量数据，帮助我们了解被认为的不同群组间成绩差距的规模。

成绩差距影响了谁?

事实上，几代以前，学校是为某些特定群体建立的。如今，虽然这些群体仍能接受相对优质的教育，学校面对所有学生时却陷入困境之中（爱德华兹，2006；沃特尔、于埃尔斯卡普，1991）。在这种情况下，非主流群组的学生受到的影响十分恶劣，其中包括非洲裔、拉丁裔学生，英语学习者，贫困生及第一民族学生。

正如第一章所说，这种差距植根于长期以来的种族歧视、种族中心主义以及性别歧视之中，在政策制定者与教育者的圈子中却很少提及。要想彻底解决学校中的学术成绩差距，就必须将教育者自身知识的差距谨记在心，第一章中所提到的就是例子。

大量文献（海科克，2001；佩里耶等，2005）记载了从古至今非洲裔、拉丁裔学生与白人学生的成绩差距。这些文献在描述差距时采用了几项学生成绩指标，包括全国标准评估、州级测试标准、常模参照标准以及大学入学考试。某些群组学生成绩较差的问题错综复杂，在第四章中，我们将界定导致成绩差距的机会差距。

■ NAEP展示全局

NAEP的价值便是它提供了从过去到现在，界定的群组各个时间表现的全景图。1971年，NAEP在全国范围展开，是评估阅读、数学与写作能力的标准测试。NAEP监测各个学生群组的成绩变化，以此确定不同群组间或某一个群组的全国综合成绩是否发生变化。

NAEP以9岁、13岁、17岁的学生群组作为全国的代表，根据性别、种族、民族、经济状况、家长受教育程度，提供不同群组之间的对比。种族群组仅限于非洲裔、拉丁裔与白人，而亚裔、太平洋岛屿、第一民族及菲律宾裔的学生由于种族人口基数较小，不包括在内。

■ 2004年，NAEP量化成绩差距

2004年NAEP的研究(佩里耶, 2005)发现了美国白人与非洲裔学生之间、白人与拉丁裔学生之间、贫困与非贫困学生间数据上的成绩差距极大。在解释成绩差距的复杂性与其深层问题之前，我们先选择2004年NAEP的几个关键发现作为引子。下面是其中相关性更明显的发现：

1. 在四、八、十二年级，美国非洲裔学生与白人学生在阅读、数学及写作方面，数据上的成绩差距十分明显。非洲裔学生分数远低于白人学生。

2. 在四、八、十二年级，美国拉丁裔学生与白人学生在阅读、数学及写作方面，数据上的成绩差距十分明显。拉丁裔学生分数远低于白人学生。

3. 在四、八、十二年级，美国贫困家庭学生与非贫困家庭学生在阅读、数学及写作方面，数据上的成绩差距十分明显。贫困学生分数远低于非贫困学生。

4. 在四、八、十二年级，男女学生在阅读、数学及写作方面，数据上的成绩差距十分明显。在全部情况下，男生分数皆远低于女生。

上述这些数据上的明显差异并非2004年的研究所独有。成绩差距十分严重，并且已经根深蒂固。因此，正如第一章所讲，教育界众人早在三十多年前就知道存在成绩差距了！上述发现仍有其局限性，我们虽然知道成绩差距确实存在，却不了解任何一个群组成绩差距的规模与程度。

你可以通过NAEP的网站检视这个长期趋势：http://nces.ed.gov/nationsreportcard。

■ 2004年NAEP：不公平现象初露端倪

2004年NAEP考试结果为成绩差距提供了历史及当下的记录，同时给学生戴上了性别、种族、贫困状况的脸谱。这些发现虽然揭露了全国范围内成绩差距的严重性，却并没有展现不同学生群组间成绩差距的规模和程度。为了让这些信息物尽其用，我们首先要描述建立群组间明显差距的

标准。

你可能会问一个非常实际的问题：“我为什么要关注统计显著性？它代表什么？”回答也非常实际，毫不流于表面。你要了解两个最常用的数据方法：

1. 以概率模型为基础，统计显著性测试证实了成绩差距的存在。

2. 效应量或差异量测试对于学校来说更加适用，常被用来描述任意两个学生群组间的成绩差异。

我们使用“教育显著性”（educational significance）一词来描述群组间现实中与意义上的教育差距，同时表示差异的规模及程度。

结合利用统计显著性与教育显著性是教育者的强大武器，能够帮助他们分析当前学生的成绩水平，计划课程与教学项目，确定突破性的进展并记录年度进展。

■ 是否存在差距？NAEP揭露成绩差距确实存在

NAEP提交给学校与媒体的结果利用统计显著性测试揭示了成绩差距确实存在。统计显著性测试的典型做法是比较各大群组的平均分（即，在大型研究项目中得出的平均分），确定两个群组间的差异是否能代表真实差异。这种方法有两个缺点：

- 这样的对比需要大量的样本，经常在国家级、州级或较大的学区使用，例如NAEP的研究。这的确能在不同群组间创造统计显著性差异，然而，在教育环境中，现实的差异可能与此并没有任何关系。比如，你可能发现你学区两所学校四年级学生的阅读成绩存在数据差异，然而他们确实都在同一年级阅读。
- NAEP这样的大规模研究受限于群组分析，并不适用于你学校的各个群组，如英语学习者，亚裔和太平洋岛民以及第一民族的学生。

尽管这些数据与统计差异测试在地区与州际对比中意义重大，它们在学校以及大多数学区内都不会产生实际作用。不幸的是，在教育研究文献中，全国性的方法越来越普遍，这可能令调查结果的解读误入歧途。然而，好的一方面是，教育显著性效应量能表示差异规模量数，为学校一线决策者们提供了可供依据的信息。为方便阅读，下文中我们都用“差异程度”一词表示差异的规模或强度。

■ 差距的大小如何？成绩差距的程度

第二种方法便是使用“效应量统计”（effect size statistic）。什么是“效应量”？“效应量差距”是用标准差单位表示的两个群组间的差异量数。“效应量测试”（也叫“差异规模”）揭示了成绩差距的大小或程度。效应量表现了两个群组间的差异程度；它对样本大小要求较低，因此更适用于学校。不论样本是大是小，都可以带有专业信心地适用效应量[①]！

你的下一个问题可能是：“检视效应量的标准是什么？”在教育领域，我们推荐采用0.25作为效应量的标准。如果两个群组间的效应量达到或超过0.25，我们便认为其教育存在严重问题。上文提到，教育差异指在判定两个群组间的表现差距时，具有实际的、教育性影响的差异。为了更好地利用效应量数据，马尔扎诺、皮克林与波洛克（2001）将效应量转化为百分制所得平均分（mean percentile gain score）。效应量0.25代表百分所得平均分为10百分位数（percentile points）。在第八章及第九章中，你会发现效应量也用来确定学生参与数据的教育显著差异[②]。

■ NAEP数据与群组间的差异范围——效应量分析

为了理解不同群组间成绩差距的本质，让地方学校确定优先事项，我们先要了解差距的范围。尽管NAEP报告明确指出了成绩差距的存在，但学校仍需要更多的信息，才能对课程及教学优先级做出决策。

图3.1~图3.4展示了NAEP 2004年的数据。我们对NAEP报告中包括的群组进行效应量分析，来展示教育显著性差异。表格则以年级划分，展示

---

① 效应量方法由美国心理协会（American Psychological Association）（1994）推荐，是解释两个群组间不同的相关方法，对于实际分析你学校的数据更加适用。

② 附录中可见关于将效应量标准定为0.25的合理性分析及效应量的重要意义。

了四、八、十二年级，非洲裔与白人学生、拉丁裔与白人学生、贫困生与非贫困生、男生与女生之间的数据。然而，不幸的是，图3.1分析中的数据皆为负值。负值代表在这些测试中，非洲裔与拉丁裔学生的成绩低于白人学生，贫困生低于非贫困生，男生的成绩低于女生。为了让图表易于理解，只有在NAEP数据显示出统计显著差异，才用效应量表现。跟从前文设定，效应量0.25（即百分制得10分或以上）代表两个群组间教育差异显著。

图3.1为四年级学生最近一次NAEP考试成绩分析。我们可以发现如下的教育显著差异：

- 与白人学生相比，非洲裔、拉丁裔学生在阅读、数学与写作上表现较差。
- 贫困生在阅读、数学与写作上的表现差于非贫困生。
- 男生的写作成绩差于女生。

根据前文，为了便于解释，效应量可转化为百分制所得平均分（马尔扎诺等，2001）。效应量0.25代表两个群组间百分制成绩相差10分。表3.1列明了效应量与百分制平均分的转化关系。

图3.1　四年级NAEP成绩

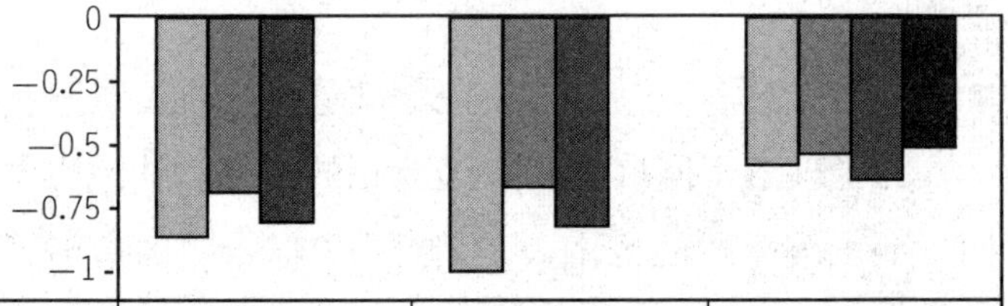

	阅读	数学	写作
非洲裔美国学生对白人学生	−0.87	−1.01	−0.58
拉丁裔对白人学生	−0.69	−0.67	−0.54
贫困生对非贫困生	−0.81	−0.83	−0.64
男生对女生	没有显示	没有显示	−0.51

表3.1　效应量与对应百分制分数

效应量	百分制下所得分数差异
0.00	0
0.10	4
0.20	8
0.25	10
0.30	12
0.40	16
0.50	19
0.65	24
0.80	29
1.00	34
1.50	43
2.00	48

教育者与非专业人士都更加熟悉百分制的表达方式。我们可从图3.1中观察到以下情况：

- 非洲裔学生与白人学生相比，在阅读、数学写作的所有测试中，其效应量皆远高于0.25（即百分制的10分），实际超过了0.58（即百分制下相差22分）。
- 拉丁裔学生与白人学生相比，贫困生与非贫困生相比，在阅读、数学及写作上，代表成绩差距的效应量超过0.54，即百分制下21分的差距。
- 数学的效应量值最大：
  - 非洲裔学生与白人学生平均分的效应量为−1.01，即相差34分；
  - 拉丁裔学生与白人学生平均分的效应量为−0.67，即平均分比白人学生低25分；
  - 贫困学生相较白人学生的效应量为−0.83，即平均分低30分。

- 男生与女生在阅读与数学上的教育差异并不明显。

这些数据表明，当前的教育在这些群组间并不公平。在这些情况中，效应量呈现了各个科目成绩差距的规模与程度，对课程设计至关重要。

在第七章中，你会看到如何将效应量分析应用到标准评估，能让你准确描述当前的课程对学生服务的情况。

图3.2是八年级学生最近一次NAEP考试成绩分析。拉丁裔、非洲裔相较于白人学生，贫困生相较于非贫困生，男生相较于女生的效应量皆呈现负值，即表现较差。与四年级一样，在阅读、数学与写作上，白人学生对拉丁裔、非洲裔学生的效应量超过了0.66，即平均分高出25分以上。同样的情况也出现在非贫困生与贫困背景学生的对比中，其中写作的差距最小，也达到了0.77效应量，即百分制相差26分。

男生与女生的数学成绩并未显示出明显差异，但阅读与写作的效应量超过了0.30（即百分制下12分以上）。

四年级数学的成绩模式在八年级延续下来，非洲裔与拉丁裔学生的情况甚至更加严峻。非洲裔学生的平均成绩相较白人学生效应量为－1.12，即是相差37分；拉丁裔为－0.82，29分；而贫困生相对于白人学生平均分效应量为－0.87，31分。

图3.3是十二年级学生最近一次NAEP考试成绩分析。与四年级、八年级的结果一样，非洲裔与拉丁裔学生在阅读与数学上的成绩效应量超过0.56（即百分制下21分以上），写作成绩效应量则超过0.46（即18分以上）。

在阅读、数学、写作三项上，贫困生与非贫困生成绩效应量差异皆超过0.46（即百分制下18分以上）。

男生与女生的数学成绩差异并不明显，但与八年级一致，女生的写作成绩高于男生，效应量达到－0.67（即25分差距）。

图3.2　八年级NAEP成绩

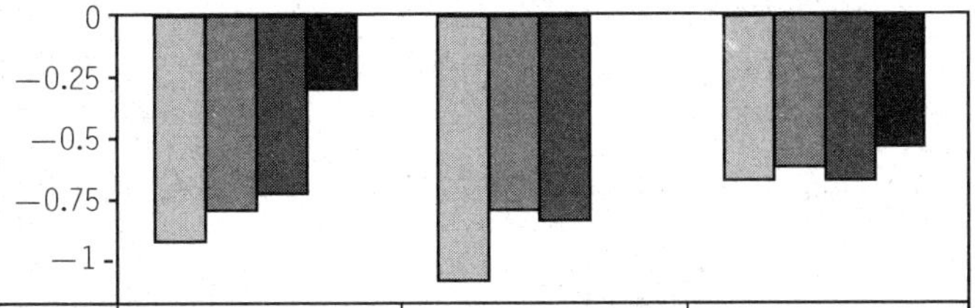

	阅读	数学	写作
非洲裔美国学生对白人学生	−0.93	−1.12	−0.7
拉丁裔对白人学生	−0.81	−0.82	−0.66
贫困生对非贫困生	−0.75	−0.87	−0.71
男生对女生	−0.31	没有显示	−0.58

图3.3　十二年级NAEP成绩

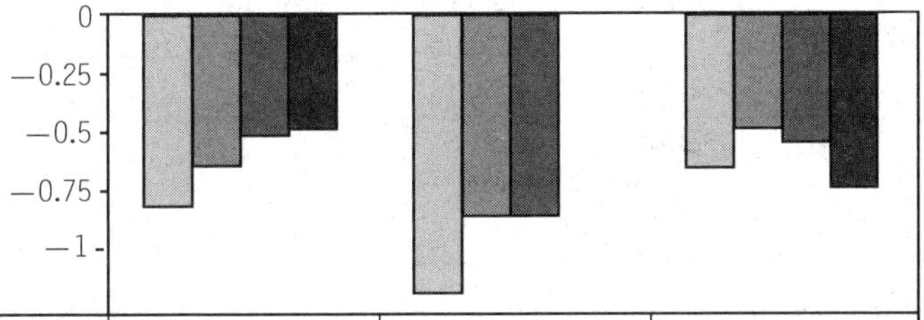

	阅读	数学	写作
非洲裔美国学生对白人学生	−0.7	−1.02	−0.59
拉丁裔对白人学生	−0.56	−0.75	−0.46
贫困生对非贫困生	−0.46	−0.76	−0.51
男生对女生	没有显示	没有显示	−0.67

表3.2将图3.1~图3.3的效应量转化为百分制平均分，包括四、八、十二年级，并且只有NAEP研究中呈现出统计显著性差异时才提供数据。只有当群组间NAEP成绩呈现统计显著性差异时，才会报告其教育差异显著。基于效应量0.25的标准，表3.1中群组间百分制平均分差达到或超过10分，皆视为教育差异显著。三个年级NAEP的数学成绩差距保持一致。十二年级非洲裔学生与白人学生的效应量为−1.02，即相差34分；拉丁裔效应量

为−0.75，比白人学生低27分；贫困学生与非贫困学生的平均成绩效应量为−0.76，28分。

再次强调，这些信息为确定教学优先顺序提供了重要依据。

表3.2 成绩差距的程度：按种族、民族、经济状况、性别划分的群体差距

比较群组	2004 NAEP研究		
	四年级	八年级	十二年级
非洲裔与白人			
阅读	31	32	26
数学	34	37	35
写作	22	26	22
西班牙/拉丁裔与白人			
阅读	26	29	21
数学	25	29	27
写作	21	25	18
贫困生与非贫困生			
阅读	29	27	18
数学	30	31	28
写作	24	26	20
男生与女生			
阅读	没有显示*	12	17
数学	没有显示*	没有显示*	没有显示*
写作	20	22	25

*没有显示代表NAEP没有证据表明群体间存在统计显著差异

■ NAEP数据发现概述

分析表3.2，可观察到以下结论：

非洲裔美国学生

与其他群组相比，四、八、十二年级的非洲裔学生在阅读及数学上成绩差距最大。在三个年级，非洲裔学生的数学成绩比白人学生平均分低约34分。虽然与白人学生相比，非洲裔学生在写作上也表现出成绩差距，但差距的程度与其他几个群组大致相当。

拉丁裔学生

拉丁裔学生的成绩大体位于非洲裔学生与贫困生之间，在四年级的阅读、数学及写作，八年级的数学与写作，十二年级的写作成绩中尤其明显。在所有年级及科目中，拉丁裔学生的平均成绩皆比白人学生低21~29分。

贫困生

四年级贫困生在写作上的成绩差距最大，而他们在阅读及数学上的成绩差距为第二大，小于非洲裔学生却多于拉丁裔学生。贫困生的数学成绩平均比非贫困生低30分，而在阅读上，这个差距为百分制下18~29分。

性别差异

在四、八、十二年级，女生的写作成绩皆高于男生，其中尤以十二年级的写作成绩差距最大，百分制下，女生的平均分比男生高出25分。

■ NAEP效应量数据的作用概述

NAEP的研究只能证明不同群组间存在统计差异，而运用效应量方法却可以估算差异的规模及程度。将效应量应用于NAEP数据，得到的观察如下：

非裔美国学生与白人学生

- 在不同的群组间，非裔学生的阅读、数学、写作成绩与白人学生的差距最大。
- 各项科目之中，非洲裔学生与白人学生的数学成绩差距最大。
- 在写作方面，非洲裔学生同白人学生的成绩差距与其他群组的学生大致相当。

贫困学生

- 贫困生在阅读、数学、写作的成绩差距为第二大，仅次于非洲裔学生。

- 有趣的是，四年级到十二年级阅读科目的成绩差距逐渐减小。

拉丁裔学生与白人学生

- 与非洲裔学生相比，拉丁裔学生整体的成绩差距更小。与贫困生相比，大部分年级的成绩差距也较小。
- 四年级及八年级拉丁裔学生的成绩差距较大，在数学上表现得尤其明显。

显著差异测试——二者皆/和的立场

在处理儿童及青年教育这样重要的问题时，并不是非要有所取舍的。统计显著性差异测试向我们展示了全国与地方教育成绩差距的程度，同时确定了在当前的教育中，哪些群组占据优势，哪些未能受到良好的照顾。教育显著性测试为学校提供了有用的信息，让他们了解学校成绩差距的程度，借助这些坚实可靠的基准信息，教育者可以起草能够即时评估、修正的政策，进行实践。

效应量分析为教育者提供了有用且可用的信息，帮助他们掌握成绩差距的动态变化，确定教学优先级别。第四章运用的同龄群组模型，通过提供学生成绩与参与的数据，让你和你的同事更详尽地掌握学校中哪些学生取得了成就，哪些学生仍在苦苦挣扎。

■ 反思

花点时间想想这些数据。数据中哪些变量引起了你的注意？哪些学生落在后面？“教育显著差异”这个词对你来说意味着什么？

第四章　同龄群组模型——成绩与机会数据

学而不思则罔。

——孔子

仔细思考

哪些数据向你展示了学生的表现？你要怎样才能确定某个学生做得不够好或属于后进生？你能得到哪些关于学生成绩的数据？

___

___

___

___

读到这里，你已经知道我们整个社会与行业面对的成绩差距问题的各个维度。通过第一章，你知道成绩差距有历史依据，可以测量，并且具有群组特征。在第二章中，你了解了提升文化水平的四项工具，确保你在为所有学生寻求高质量教育时有所支持。第三章讲述了自从1971年就有了关于成绩差距的记录，并利用统计方法描述成绩差距的程度之深，影响之巨。本章将指导你应该收集学生的哪些数据，怎样用同龄群组模型分析这些数据，从而确定不同学生群组间的成绩差距程度。

关于你学校的学生，你想了解什么

在这一章中，你将学到在研究成绩差距时，组织学生群组数据的适当方法，怎样选择合适的测验成绩以及你学校或学区其他来源的信息，达到全方位分析的效果。

接下来的第三部分为你拟定了如何收集并分析学生信息，提供了群组信息例子供你检视，并展示了确定群组表现的指导方针。

■ 评估成绩差距——优势与局限

分离学生数据可以让你更好地了解学生的教育需求，避免不恰当地将所有学生一概而论。确定学校中有哪些不同的学生群组将是你与同事讨论的关键。只有成功地分离成绩数据，你收集的数据才算作有效。

关于评估与问责，国家与州级指示已经为学校研究划分好了群组类型。学校使用的评估数据常依照下列标准划分：

- 性别
- 种族
- 社会阶级（例如：经常使用的指标是学生是否参加免费或减价午餐计划；偶尔也包括家长的受教育程度）
- 特殊教育分类
- 英语流利程度

你可以扫描一份评估报告，就会知道哪些学生在学校的表现更好。主要有以下两种分析：

- 某群组学生与预设标准的成绩差距（例如，比较贫困生与四年级学生的标准阅读测试成绩）
- 不同群组学生间的成绩差距（例如，比较十年级拉丁裔与非洲裔学生的数学成绩）

有两种比较不同群组间成绩差距的常用做法，各有其局限性：

- 比较白人学生与其他种族学生的差距
- 比较不同群组时，将同时属于不同群组的学生个体包含在内（有些群组互相有所重合，包括非对立群组与独立群组）。例如，一个正在学习英语的拉丁裔学生同时代表两个群组——拉丁裔群组与英语

学习者

这两种数据对现实的呈现皆有所扭曲。扭曲的原因是这些方法都将一个甚至多个群组的学生打包成一个简单的群组，这样便无法照顾到每一个特定群组的学习需求。

比较种族群组的局限性

比较种族群组成绩差距的一个基础案例，便是我们第三章中介绍的全国范围内基于标准的NAEP测验。NAEP研究比较了白人学生与非洲裔学生群组以及白人学生与拉丁裔学生群组间的差距。在这套程序中，白人学生成为讨论成绩差距的唯一参照群组。用白人学生的表现作为标准的正确性本身便代表着一种文化偏见——即是白人学生的表现优于其他群组以及在学校、学区以至各州，白人学生理应占学生的大多数。从文献（海科克，2001）与切身经历中，我们深刻了解到这些假设并不能一成不变地适用于整个美国的所有教育环境之中。比如在以下情况下，这些假设便并不适用：

- 某些情况下，一些表现优异的学生群组因为样本人数太少而未被纳入比较（例如，NAEP研究报告中不包括亚裔学生）。
- 某些学生群组非常多元化的学校或学区，有几个州，如加利福尼亚州，白人学生只占31%。

因此，我们选用的评估方法，要提供帮助我们选择、改善当前课程与教学实践的信息，才能为学生提供最优质的教育服务，这是我们教育者义不容辞的责任。而下文介绍的同龄群组模型，便能为从业者提供这样的信息。

群组与全体学生比较的局限性

在学校、学区甚至整个州，将某个群组学生成绩与整体成绩进行比较的做法十分常见。然而，这种比较对学校现场教学并没有帮助。以拉丁裔学生为例，他们的成绩经常被拿来与所有学生成绩或年级、学校、学区的总体分数进行对比。这种比较结果并不准确，因为对比双方都包含拉丁裔学生这个群组。若想令比较结果更加准确，就要将拉丁裔学生从学生整体中移除，比较他们与学校或学区其他学生的成绩。更明显的例子是男女生之间的成绩比较。人们不会将男同学的成绩与全体学生的成绩比较，因为前者便包含在后者之中。这样，很容易就能看出男生成绩的比较有所偏差。事实上，我们比较的是男生与女生的成绩，这是两个相互分离的群组。

■ 同龄群组模型

我们建议群组成绩的比较应该在学校或学区内的同龄人中进行。同龄群组模型就是比较你学校中一个群组的学生与其他所有学生（即他们的同龄人）。例如，一个非洲裔学生的同龄人是学校里所有不是非洲裔的同学。同龄群组模型的方法在学校、学区乃至社会环境中进行了更为有效的比较。这个环境反映了当地学生群组的情况并将更多的学生纳入成绩差距分析之中。

下面是有效的群组比较的例子：

- 白人学生与非白人学生
- 非洲裔美国学生与不是非洲裔的美国学生
- 拉丁裔学生与非拉丁裔学生
- 来自低收入家庭的学生与中产阶级家庭的学生
- 男生与女生

英语学习者群组

研究学生测验数据旨在提供帮助你满足学生学术需求的信息。之前典型的做法是，比较学生成绩时，英语学习者被包含在群组之中，而非单独作为一个比较群组。如此，在比较主要说英语的群组与包含较少用英语的学生群组时，便会出现不公平的情况。例如，评估拉丁裔成绩差距时，经常将正在学习英语的拉丁裔学生也包括在内。这种分析以及用来评估英语成绩进展的方法，都忽视了英语学习者特有的学习需求。

将英语学习者以英文进行的考试成绩纳入统计，拉低了拉丁裔学生的整体成绩，尤其是英语语言测试的成绩。因此，将英语学习者包含在内，将不能反映出讲英语的拉丁裔学生的成绩水平，而他们正处于我们教学计划的核心地带。根据你学校的种族情况，如果将英语学习者包括在内，成绩影响最大的是亚裔学生与拉丁裔学生。如果学校说英语的学生中来自东欧的较多，白人学生也会受这个因素影响。同样，包含英语学习者也会影响男女生之间、贫困生与非贫困生之间的比较。

我们强烈建议，如果你的学校中有许多学生尚在学习英语，你要将他们的成绩从学校或年级数据中剔出，这样才能得到英语学习者与其他群组的精准信息。例如，如果你想知道四年级的拉丁裔学生在标准数学测试中表现如何，最好在年级成绩中先去掉尚在学习英语的拉丁裔学生的成绩。这样，不论是英语学习者还是流利掌握英语的学生，你都能了解到关于他们更准确而有用的信息。同时，这可以避免你在无意之中，将能流利输出英语的学生与所有正在学习英语的学生混在一起，便不会错误计算正在学习英语的拉丁裔学生的数量。

我们需要引入合适的英语水平进展评估来测评英语学习者的成绩。然而，在你学校、学区、全州的数据中，却经常将他们的成绩包括在以种族、性别、经济状况划分的各个群组中。因此，你需要将英语学习者去除后，重新为这些群组分组。

■ 校级群组间差异测定

通常来说，学校的教职员与管理者没有机会接触复杂的软件或方法，来为确定群组间的显著差异或效应量进行统计学检验。有鉴于此，我们在第三章中提供的指导方针便能帮他们确定群组间是否存在差异。如果学区级的员工能接触到学生数据，并掌握一定统计学知识与相关软件，我们便推荐统计学检验与效应量。而在校的教职员就只能使用现有的数据，并需要对教师与学生家长非常熟悉。

■ 学生数据来源示例

在你分析学校不同群组的学生数据时，有几种不同的数据可供选择。多数教育者都能获取的数据包括基于标准的措施、常模参照测验(Norm-

Referenced Tests)以及教育参与标量（Educational Access Measures）。下面几节简要概述了这几种不同类型的数据。

基于标准评估

标准测试是评估学生成绩的最好方法之一。在联邦出台《有教无类法案》而各州亦纷纷效仿后，这些举措几乎适用于美国全境。标准测试也包括许多高中的毕业考试与各种效标参照监控测验（criterion-referenced monitoring test），它基于事先定好的学习成果与标准来对学生进行评估。标准评估提供两个成绩，一个是量表分数（scaled scores），一个是表现水平分数（performance level scores）。前者的分数范围较大（加利福尼亚的标准测试分数范围为1到600分），用于界定学生的表现水平。表现水平通常有四或五个等级，用于描述学生掌握到标准程度的水平。例如，表现水平的分级可以是精通、熟练、基础、低于基础与远低于基础。

表现水平易于实际任教的教师们操作，因此推荐在教学中使用。而量表分数跨度较大，对个体差异敏感，因此更适用于高阶的统计学检验。

常模参照测验

常模参照测验是将个人或群组的成绩与全国群组常模数据进行对比，在各州、学区及学校沿用至今。常模参照测验基本回答了这个问题："某个人或群组与全国参加这个测试整体水平比起来如何？"而标准测验则是评估学生相较于预先设定的标准的掌握程度，这是二者的不同之处。

常模参照测验，包括斯坦福成就测验、加利福尼亚州成绩测验、艾奥瓦州基本能力测验等等，得到的数据可以加以解释。在这些测试中，学生的成绩通过多种方式表现出来——百分制、量表分数、常态曲线当量（normal curve equivalent，NCE）分数、九分评分制与年级当量（grade equivalents）。其中，量表分数与NCE分数是基于等距量表，因此最适用于比较不同群组的表现。这两种成绩也都可以转化成百分制分数，便于解释分析。

教育机会措施

文化水平教育者认为，评估学生的表现不能仅凭各种各样的测试。他们充分认识到，还有一些方法，如果举措得当，可以成为学校教育学生的正确指引，达到分析学生数据触及不到的效果。我们提供无数你可以并应用来分析群组间成绩差距的方法，供你考虑，并强烈推荐你将这些，或其他方法作为全面分析学生表现的一部分。许多教育家、作者及政策制定者（布里斯，2000；科恩，1998；科佐尔，2005；华特尔与埃尔斯卡普，1991）都曾批评用单一或一般测试作为评判学生学习成效唯一标准的有效性，他们的批评有理有据。

行为指标提供了关于你学生的一些额外的重要信息。除此之外，系统收集并排列这些数据还能提供丰富的信息源，你和同事便能借此了解年级、部门乃至学校的文化组成。收集学生的数据同时也意味着收集关于学校的数据。下面，我们将介绍需要收集的几种数据类型。这些指标包含了关于如何测量的建议。你会看到，其中有些直接衡量了学生的成绩，而其他一些则与学生成绩相关。

我们要说明，其中有些指标相对容易获取。你可能想问，下面这些指标应该怎样收集、分类，谁来负责追踪数据呢？是学校的人？中央办公室？还是两者皆有？

学生出勤率。为了令比较更加容易而准确，我们建议将学生出勤率定义为学生到学校上课天数的百分比。这对于流动性较高的学校尤其适用，因为并非所有的学生都全年登记在册。这种方法需要两条信息——整个学年度每个学生登记在读的天数以及每个学生上学的天数。用学生上学的天数（分子）除以登记在读的天数（分母），就可以得到学生的出席率。例如，一个学年有180天，学生缺席15天，他的缺席的几率为0.083（即是15/180）。这个学生在此学年的缺席率即为8.3%。

学生停课。得到学生停课信息的方法很多，我们建议记录学生停课的天数。这个信息可以从校长或指派处理校长工作的人那里获取。学生停课的天数可以视作直接缺乏指导的时间，这是影响成绩的重要因素。

学生辍学或退学率。辍学与退学率是学生在教育体系中失败的一项十分严峻的指标。这是个小概率事件，需要在《有教无类法案》中报告出来。因此，你学校的这项数据应该能在学区找到。

参与特殊计划的学生。在我们学校中，无数计划与课程注册的学生群组极其不成比例。学校中典型的项目计划及课程是：

- 补底计划
- 特殊教育计划
- 天才班
- 荣誉课程与跳级课程
- 个人决心进步（Advancement Via Individual Determination，AVID）与国际文凭（International Baccalaureate，IB）计划

要想确定这些计划的报读模式，你要先确定想要检视的计划，然后找出哪些学生参加了这个计划。

其他高中指标。在高中，检测学生成绩有几个通用的指标，都关于达到高中毕业要求或为进入大学做准备。下面是关于高中毕业的数据：

- 报读并成功完成代数一，同样适用于八年级。在九年级末，通常应收集代数一这门课的成绩数据，因为在九年级完成这堂课是修读其他一些课程的前提。
- 累计高中学分。再次说明，学生所得学分是每个年级分别计算，用来监测学生是否能够毕业。在每个学年末记录学生学分便可以提供这项数据。
- 得到D、E或未通过成绩的百分比分布。学生如果得到这几个成绩，便要面临无法毕业的危险。要从学校取得这项数据可能比较复杂，也可能这些信息并非现成。然而，一旦得到这些信息，它就能让你了解学生的成绩情况以及各文化群组的学生顺利毕业的几率。首先，我们建议你选择一个学期，计算得到D、E及未通过成绩的学生数量。

- 毕业率。毕业率是在每个学生最后一个学年年末上完最后一堂课决定的，可以通过多种方式计算得到，包括以九年级登记率或登记学生一年毕业率为基础的四年计划。无论采用哪种方法，你都要记录每个学生在最后一年年末是否成功从高中毕业。
- 大学预科或入学指标。与大学入学相关的指标包括登记就读大学预科与大学先修课程。这个信息很难收集，因此我们建议你使用学区已有的范式。通常，在学生完成最后一年的学业后，会进行登记大学预科的统计。你也可以在此时或是毕业后一个或两个学期后调查学生修读大学先修课程的信息。传统方式，如SAT或ACT分数可以提供学生大学准备的附加信息。
- 毕业后调查。对近期毕业生趋向的调查可以确定他们毕业后工作、读书、参军或学习专业技能的情况。除此之外，调查也可以得到毕业生对于其擅长领域的观点，并为完善高中课程提出建议。

数据收集过程小结

在你和同事收集不同群组学生的这些数据时，便踏上了解学生受教育机会的道路。通过这些数据，你可以评断自己的教学进展，并做出相应的调整。最重要的是，在收集并分析这些数据时，你与同事逐渐成为一个专业的团队。你们开始讨论学生的进步以及如何改善每一个学生群组的学习机会及成绩，最终成功缩小成绩差距。

■ 数据收集过程的初始步骤

1．在学校中确定你想研究的群组。这个群组有30名以上的同学为佳，这样得出的比较结果更有意义。这就要求要有足够多的学生已得出有效及可靠的结果，同时还要保证学生信息不被泄露。

2．列一个你想要比较的群组的清单。

3．要分析学校某个群组学生的表现，要确定并列出你想收集的信息的清单。

4．找出你想收集的信息的来源。你要怎么获取这些信息？这些信息是怎样收集保存的？在学校？还是中央办公室？

5．明确你将输入的数据。你会用表现水平还是基于标准评估？NCE分数还是常模参照测验？还是百分率？

6．确定收集学生数据最好的方法。数据可以手记，也可以用电脑制成电子表格或录入数据库。

■ 反思你的数据收集过程

你将研究哪个学生群组？估计一下每个群组的人数。为什么研究这个群组呢？

____

____

____

____

数据与为展示学生表现、提高、成绩差距而收集的数据有什么区别？

____

____

____

____

为什么使用同龄群组模型如此重要？在你衡量成绩差距时，它能提供哪些重要的数据？

____

____

____

____

除了成绩测试的数据之外，还有哪些数据能展示学生成绩进展的重要信息？

你是否找到了能够获取学生成绩数据的人？

这一章为你的工作提供了什么有用的信息？

本章聚焦于学校能获取的以学生为中心的数据。收集到数据后，与同事对其进行讨论，你便能知道哪些学生在学校的教学计划与实践中受益最多。同时，这些数据与讨论也能将你们的注意力转移到未能在现有的计划与实践中受益的学生们。

第五章　教学差距调查计划

科学真理精彩绝伦，道德真理却神圣不可侵犯。呼吸道德的空气，跟随道德的光辉，便能寻回失去的伊甸园。

——贺拉斯·曼（2006）

仔细思考

是什么促使你进行教学差距调查，检视教学进展，令所有的学生都能学有所成？你是否对调查结果有所预判？调查过程中，你可以得到哪些帮助？

你有哪些问题？你与同事可能面临哪些挑战？

____

____

____

____

调查过程是在进行一项实情调查的任务。已知的是，教学政策与实践阻碍了某些同学在学习上取得成功，我们就必须着手整顿。因此，教学差距调查并不是告诉我们如何缩小教育参与、学业、成绩差距的工具。相反，它教会我们如何定义成绩与机会差距，什么是理想的状态，怎样展开诚恳而充满真知灼见的讨论，之后大胆付诸行动，从而更好地满足未受到充分照顾的群组的需要。

调查指收集信息以理解某种特定的现象。教学差距调查意在指导你了解学校的体系，从而看出课程的主要元素在何种程度上服务于全体学生。

本章

- 为你的教学差距调查提供了基本原理与目标，
- 确定你学校中可以作为杠杆点，加以改善的主要课程元素（例如，学校内的子系统），
- 介绍实施调查的步骤。

阅读本章时，请为调查思考你学校系统的某个部分。你调查的教学实践是限于课堂？年级？部门？课程？学校？还是整个学区？一旦确定了要研究哪个部分，我们建议你将全部注意力集中在与这个部分有关的数据上。

教学差距调查的基本原理

要分析教育计划的有效性，教育者与感兴趣的人可以找到无数自我检视的方法。大多数的教育者都曾经历过，就学校的提高、水平鉴定以及其他计划元素（Program compliance）自我检视计划的有效性。同样，教学差距调查也是一种自我检视的过程，让你系统地检查学校教学计划与实践的有效性，从而更好地满足被忽视学生的需求。

独特的假设是教学差距调查的基础，也是它与其他自我检视过程的区别所在。下面是教学差距调查的基本假设：

- 在现有的教学计划与实践中，并非所有的学生群组都得到了良好的照顾；
- 某些学生群组受到的教育服务优于其他群组，这种现象即使不能说是由现今的教育实践导致，也与其有关；
- 现今系统内的资源（即时间、人力、金钱、物力）分配方式不能保证对所有学生公平；
- 有可能通过克服障碍，重新分配资源，用现有资源满足所有学生的需要；
- 并非系统内每个人都意识到了障碍、公平差距与资源分配不公；即

使他们有此意识，也并非所有人都愿意为重整系统、满足后进生教育需求而付出。

教学差距调查假设，通过检视数据、将问题摆上台面以及引发讨论，领导者不仅可以激发缩小成绩差距的意愿，同时可以获得相应的知识与能力，这样，才能公平满足所有学生的需求。毕竟，这对美国学校的民主进程至关重要。

教学差距调查的目标

教学差距调查的基本目标为：

- 帮助调查实施者检视各种正式及非正式数据，让他们对哪些群组受到良好照顾、哪些群组没有受到良好照顾进行预判；
- 检视系统各部分或整个系统在何种程度上发挥了功能，满足了待遇不佳的群组需求；
- 帮助调查实施者了解什么是公平，公平在实践中的表现是怎样的。

简而言之，调查过程是一个工具，能够帮助实施者调查学校计划的有效性，从而满足所有学生群组的需求。同时，也能够认识到当前状态、理想状态以及前者与后者的差距大小。

作为改变杠杆点的计划元素

学区、学校与课室这些组织，由许多元素部件与子系统组成，可以生产出具体或整体组织的文化水平数据。这些子系统是这项工作的不同方面与功能，早已存在于教育组织中，也是组织正常运转的重要环节。学区、学校与课室的子系统：

- 采用或开发特定的课程或教学方法；
- 通过各种方式与家长进行沟通与交流；
- 参与职业提升；

- 使用各种评估；
- 雇用并留住教育者。

我们之所以将这些子系统视作杠杆点，也是因为它们的功能十分广泛，可以对整个系统产生影响，在其中某个特定的子系统内敦促改革，你会在整个系统内引发其他的改变。如此说来，在现有的子系统与杠杆点上施力，可以产生更大的效果。尽管这样的子系统或杠杆点很多，本书只要讨论四个作为杠杆点的子系统，以此在学区、学校或课堂上引发改变：

- 课程与教学；
- 评估与问责；
- 家长社区沟通及延伸；
- 职业发展。

为此，我们制定了文化水平的四条评估准则，用来描述文化水平连续体，与你学校已有的特定杠杆点的某个方面之间的互动关系。你可以通过聚焦于调查的一两个杠杆点，针对性地对学校、学区或课堂的某个功能做出改变。而如果扩大到三四个杠杆点，你就能对整个组织的多个方面都有所了解，为范围更广的系统层面的改变打下基础。

如果同时检视课程内的文化调查实践、家长沟通交流以及评估与问责三项数据，你就有机会得到充足的信息，对整个组织进行本质上的改变。调查的范围可大可小，你可以根据目标、能力、资源做出合适的决定，促进调查发展。

第三章与第四章介绍了多种检视群组成绩差距的切入点。有些差距你可能已经知道，或者你也许希望在完全不了解差距的情况下调查，这样可以避免先入为主，从而检视整个系统，观察到最大的需求在哪里。

教学差距调查旨在提供你所处的系统（如学区、学校或课室、年龄、部门、计划等）的重要信息。调查并不提供相互分离的事件、情况以及条件的信息，比如教科书分配不均、返校夜出席的差距、或者参加职业发展的不平等。相反，这相互分离的发现组成了教育全景，并成为解决成绩差距行动的一部分。

我们鼓励你们之中的先驱者通力合作，在本章的基础上找到更多子系统与杠杆点，并制定出像我们下一章要讲到的评估准则。这样，你们会进行大量专业讨论，从而更深刻地理解文化水平。

为了引领你进行教学差距调查，我们专门制定了评估准则以适应四个杠杆点——课程与教学、评估与问责、职业发展和家长社区沟通及延伸。评估准则源于文化水平连续体以及第二章提及的文化能力的五个必要元素。第六章将对评估准则进行介绍，包括其构成方式与应用。

若想应用评估准则，就必须对文化水平连续体与必要元素有基本的认识。而使用者是否了解指导原则、文化精通的障碍以及障碍在系统中的表现方式，也会影响应用评估准则的精确程度。如果你想重温提升文化水平的四个工具，请阅读第二章。

我们希望你不要将文化述评调查视为一项全新的工作，而是不断从全新的视角出发，收集关于计划有效性的数据的工作。这个视角便是文化水平，也是最大限度提升对某些群组的教育服务，而这些群组在历史上曾被轻视甚至忽视。

实施教学差距调查的步骤

在讨论调查过程的具体步骤之前，我要先说明，尽管我们意在指出调查的一系列步骤，但你想从定义范围、界定参与者或设计调查步骤中哪一步开始都无关紧要。你可能迫于内外部的各种压力，从其中任何一步开始。然后随着信息增多、兴趣深入，投入更多，对调查的见解越来越清晰，你会在这几个步骤里来回求索，反复尝试。因此，虽然并不是非要按照这里列出的步骤开始，你仍要用现有数据或数据模式支撑的假设或结论，作为调查的基础。同样，也不用每一步的问题都回答，你需要回答的是“关键问题”。“深思问题”可以引导你回答这些关键问题。在不同的阶段，你可能碰到相同或相似的问题，这些问题是用来指导你的调查过程，而不是加以限制。在调查过程中多些创造性，灵活处置，你便能满足调查的要求。

教学差距调查包含七个步骤。第一个步骤为前期工作（pre-work），这对有效收集、分析数据，报告经验来说不可或缺。仔细考虑教学差距调查的前五个步骤，可以令调查研究小组的讨论更有意义。一旦调查小组就这五个步骤作出决定，分析数据就需要团队协作来完成。

前期工作：

1. 确定背景；
2. 设定调查目标；
3. 界定调查范围；
4. 确定实施调查的参与者；
5. 设计调查流程。

之后，是数据：

1. 收集并分析能从调查中得到的数据；
2. 阐释数据，报告结果。

下文列出了调查过程中的每一个步骤或任务，并提供了反思及讨论问题，引导你完成各项任务。

■ 步骤一：确定调查背景

关键问题

你要研究什么组织单位（例如：学区、学校课堂、年龄、部门、计划）？在教学差距调查中，你关注的杠杆点是什么（即课程与教学、评估与问责、职业发展、家长社区沟通及延伸）？

____

____

____

深思问题

1. 关于你学生的成绩差距，哪些一般或特殊的条件、情况、问题成为你调查的动力？哪些同学是你特别担心的？

2．你是怎么认识到问题的？还有其他利益相关者认识到问题了吗？他们是怎么意识到的？

3．你为什么选择这个特定组织单位作为调查的中心？

4．你为什么选择这些杠杆点/文化水平评估准则来指导调查过程？

5．其他帮你了解调查背景的信息……

■ 步骤二：设定调查研究的目标

关键问题

这次调查的目的是什么？你希望看到调查的结果是什么？

____

____

____

____

深思问题

1．对于你想弥补的一个或多个差距，有什么现成的数据？为什么你尤其关心这个问题？

2．你在研究哪个群组？你的数据是合在一起的还是分开的？你是否应该进一步分离数据，再细分群组？

3．你还想得到哪些现在没有的数据？这些数据是如何帮助你认清目标的？

4．数据显示的是将来的趋势还是现在的模式？对其进行描述。

5．其他帮你了解调查背景的信息……

■ 步骤三：界定调查范围

关键问题

这次调查的范围如何？你将研究哪个组织单位，选用几个杠杆点？你需要为调查分配哪些资源？（记住，资源意味着时间、金钱、人力、物力。）

深思问题

1．从分析数据、报告结果开始，你会为调查分配多少时间？你将从日程表上分配多少时间，还要抽调多少额外时间？你将分配多少时间给予

- 启动阶段与组织？
- 人员导览与训练？
- 数据收集？
- 数据分享与分析？
- 撰写成果报告？
- 将报告传播出去（给谁）？

2．有多少利益相关者会加入其中，他们代表哪些群组，将扮演什么角色？

3．你需要为自己及其他参与者收集哪些材料、设备及物资？你需要聘请顾问吗？且使之用来培训？

4．需要支付交通、旅途、印刷、秘书工作、补偿或替代报酬的费用吗？

5．你能获得什么经济来源？还需要开发哪些经济来源？

6．其他帮你了解调查背景的信息……

■ 步骤四：确定与选择实施调查的参与者

关键问题

你怎样确认，并公平地选择调查的参与者？

深思问题

1．他们代表哪些群组？他们是教职员工、志愿者，还是调查过程中申请加入的人？

2．参与者将扮演什么角色？

3．你怎样保证各个文化、性别、职业、经验、地缘、年龄等群组都有合适的代表？往届或现届委员会的人，他们的知识、专业水平、看问题的角度都十分重要，怎么让他们融入你的参与者团体中呢？

4．你怎样确保开会时间的方便程度对所有参与者来说公平合理？

5．你将怎样向参与者讲解文化水平、数据、调查背后的问题以及调查过程？

6．其他帮你了解调查背景的信息……

■ 步骤五：设计调查流程

关键问题

基于你在前面给出的目标、范围、时间表，你将怎样实施调查过程？

深思问题

1．为以下的活动及会议制定样本议程：

- 计划将你拟定的事项告知主要领导者，获取他们的支持。
- 计划确定并挑选参与者。
- 为参与者准备情况介绍会议。
- 培训环节（主题与日期）。

- 数据收集环节。
- 数据分析与分享会议。
- 报告并传播研究发现，准备下一个步骤。

2. 在组织单位内外，你需要哪些专业人士的帮助？你会请哪些专家或顾问帮助你，用简洁明了的方式向各个利益相关者呈现数据？

3. 你拥有哪些物质资源？你需要哪些物质资源？

4. 其他帮你了解调查背景的信息……

■ 步骤六：收集与分析数据（本书第三部分对数据收集过程有指导）

关键问题

参与者将会收集与分析哪些数据？哪些是他们可以获取的（正式或非正式）？哪些重要数据是参与者没有但需要的？你将怎么保护与传播这些数据？谁来监控这一过程，以保证数据的收集、分析、阐释与报告都能得出准确的信息？

____

____

____

____

深思问题

1. 关于你的组织的杠杆点，哪些信息或信息源（正式或非正式）能为调查提供最佳信息？

2. 在你研究的组织单位与杠杆点内，哪些关于成绩差距的数据已经可以获取？

3. 哪些数据不能获取但需要？你要怎样得到它，你将用什么形式将这些数据呈现给调查的参与者？

4. 谁会帮助你完成这一步骤，以便让所有利益相关者轻松理解数据？你将怎样确定讨论数据的环节与会议？

5. 其他帮你了解调查背景的信息……

■ 步骤七：

关键问题

你的教学差距调查多大程度满足了在第二步中定下的目标？你学到了什么之前想学习的？过程中你还学到什么其他知识？接下来你要怎么做？

____

____

____

____

深思问题

1．在调查中你最重要的发现或结论是什么？

2．出现了什么样的模式或相关关系？

3．你的哪个假设在调查过程中得到了证实？有哪些出乎意料的发现？

4．使用你选择的评估准则与杠杆点，你学到了哪些关于教学差距调查的过程的知识？

5．我们提出的一个重要的问题是“现在我们得到了数据，然后呢？”这个“然后呢”的问题是让数据帮助学生提高成绩的基础。

6．仔细思考这次教学差距调查的过程及结果，你在学区、学校、课堂或计划的下一步该做什么？

7．谁需要知道这次调查的结果？你会怎么告诉他们？

8．其他帮你了解调查背景的信息……

教学差距调查及其讨论、流程、发现都给你带来了大量的信息财富，帮你了解组织满足各群组学生需求的情况。如果谨慎使用，杠杆点评估准则将给你重要的诊断信息，让你了解正在检视的子系统的优势及不足。同时，它也会展示理想结果，提示你达到目标下一步应该做什么。

尽管这项工作艰难繁复，但却不可不为。它是我们民主的道德律令。数据收集与分析正让人民意识到，尽管我们是出于善意，但并没有让所有的学生都从中受益。没有数据，我们就会陷入“意见流沙”与“互相指责”的泥淖中，永远不能着手开始重组系统与子系统，也就永远不能让所有的学生都享有开国制宪元勋们承诺的公平的教育机会。

这本书，尤其是这一章，为你提供了工具与过程指导，让你提升组织与领导技巧。然而，如果我们没有从始至终的决心与信念，单靠技巧是远不足以完成这项任务的。而信念，就来自于我们对贺拉斯•曼之言的紧迫感与责任感：“让教育超越其他所有人类机体，成为人类生存状态的伟大的均衡器，成为社会机器的平衡轮。”技巧、意志、行动三者合一，便是拥护的表现，是第七章至第十章工作的重要组成部分。

第六章　评估准则：教学差距调查的关键

事实是：在我们极度不安、痛苦、空虚之时，往往会有好事发生。因为这种时候，我们会被不安推动，打破藩篱，寻找通向更真实的答案的道路。

——斯科特•派克

仔细思考

你将怎样衡量社会文化水平？在学校与课堂中又怎样衡量？你会怎样教人成为文化能力合格的教育者？文化水平怎样帮助我们缩小教育与成绩差距？

____

____

____

____

许多学校的改革尝试都有这样一个令人忧虑的特点，他们过于狭隘，仅仅关注考试成绩与缩小成绩差距的建议。事实上，考试成绩与成绩差距基本没什么关系。尽管当我们报告学生参加标准测试的成绩时，能发现成绩差距最明显的表现，然而，成绩差距绝不是考试分数所导致的。如果我们能量化并测试学生的心理与上学前的准备，会怎样呢？如果我们能量化并测试一些学生及家长获取最优质的教育资源的方式，而其他学生只能远远落后，会怎样呢？如果我们能量化并测试师生互动的质量以及课堂上学习非洲裔美国人、拉丁裔美国人与第一民族知识的机会，又会怎样呢？

成绩差距与考试分数毫无关系，却与学生受教育的方式息息相关。如果我们能衡量后者，便能重新调整努力的方向，缩小不同学生群组参加标准测试的成绩差距。但不知是因为缺乏技巧还是缺乏信念，我们通常毫无作为。我们束手以待，直到学生群组测试成绩显示出令人感到刺眼的差距。然后，我们幻想已经为所有学生提供了平等的学习机会，便认为在标准测试中成绩差都是他们的错。我们责怪学生、家长、家庭、社区，却从不自责自己从一开始便无视成绩差距，我们也从不想知道，自己是怎样教育或者错误教育了这些学生，从而导致了今天的成绩差距（教育信托基金会，2006）。

到现在，成绩差距已十分明显，便常常听到这样的恼恨悲痛之语："已经太晚了，对我们来说连尽力都很难。"在许多学生第一次参加标准测试时，成绩模式便已经形成。这差距已存在很长时间，如今在考试分数中显现出来，突然，便出现了成绩差距这样一回事。然而，我们仍然认为，考试分数是衡量我们教育者的教育实践是否成功的指标。

本章提供了一组四个评估准则，帮助我们衡量学生的教育差距。只要我们还希望改变教育实践，付诸行动，就能缩小、缩窄内部成绩差距，因为我们已经弥合了导致成绩差距的教育从业者的差距。

评估准则展现了在文化水平连续体的不同阶段，停滞与改变的实例，这是教学差距调查的基础部件。在教育者们认识到与学生互动或教授与他们不同的学生的新方法时，评估准则可以让他们调整自己与同事的学习（即是所做之改变）。

教学差距调查的目标是将改变视为由内而外的过程，人们可能在无意或没有觉察间做出伤害儿童及青少年学习的决定、行为或态度，而在这个过程中，他们会认识到这些，并系统地加以解决，用精通文化的政策、实践与行为加以替代。评估准则是打破无知、敞开心扉的关键，让我们相信，对于从前没有教育好的学生，如今可以为他们提供优质的教育服务。

为什么用教学差距调查过程来缩小公平差距？

对成绩的高度关注以及各学校以危险速度取得飞跃的需求，都导致了低收入家庭及有色人种的学生，被直接丢到一个课程及教学进度一刀切的学习环境中。教学本应提高学生的成绩，然而这些学生的学习却没有任何进步。有些学生技巧知识都不足以应对更高标准与僵化教学，如何教育他们，老师也没能得到任何教学上的支援。儿童，尤其是那些最需要帮助的孩子们，正在一群群地落后、失败。教育检验小组来到现场，经历了一番检视与纠察，留下了一堆建议，让已经“身陷重围”的学校去实行。我们并不是反对用这些实践作为改变的开始，但我们担心这些行为正在逐渐制度化，最终形成一种充斥着怀疑、恐惧、愤怒的氛围，更重要的，还有对于儿童与年轻人需求的持续忽视。

我们制定的教学差距调查步骤提供了另一种选择，从外部强制进行检视与纠察。它为教育者提供了自我检视的过程与评估准则，去探寻为什么教育没能帮助一些学生发挥潜能以及这种情况是如何发生的。有了自我检视过程中收集的数据，教育者可以做出大大小小的改变，开始缩小、弥合大多数学生正在经历的种种差距，这正是导致考试分数即成绩差距的罪魁祸首。一旦将成绩差距视为教育机会公平差距框架的一部分，教育的责任就不再是测试学生，而是确定教育者是否成功地利用考试分数，将其作为引导我们检视自己作为教师、辅导员或管理者的行为的依据。在外部检视的过程中，我们经常会问：“为什么学生的成绩不好？”而教学差距调查却会推动我们提出另一个问题：“我们哪里没能照顾到最需要帮助的学生？”

我们在公平性自我检视与调查过程中提出的这四个评估准则，分别在课程与教学、评估与问责、家长社区沟通及延伸，以及职业发展四个领域帮助我们进行检验。

改变的关键

在过去十年左右的时间里，学校改革者一直就改变的杠杆点讨论学校变革的事宜（杜富尔，埃克及卡哈纳克，2004；埃克及杜富尔，2005；富兰，2003；基根，2001；里夫斯，2000；森奇等，1999，2000）。杠杆点是教育者最能影响的政策与实践。正如我们在第五章中所说，学校变革最重要的杠杆点分别是课程与教学、评估与问责、家长社区沟通及延伸以及职业发展。每一个都在各自的范围内，为教育者提供了塑造组织功能与学生教育的机会。

学校的变革可分为两种，改良与转型。通常，借助外部力量发起的改革计划（例如《有教无类法案》）带来的改变是遵从性的；另一方面，挑战自己对于学校里哪些学生没有受到照顾的推测，则会推动深入的变革性的计划（阿吉里斯，1990；富兰，2003；希利亚德，1991；施恩，1989）。教育者们检视并挑战自己的假设，也就意味着在挑战整个系统，最终能令学校转型，为所有的学生服务。正式让系统改头换面，将教育者的道德使命感聚集起来，共同让学校成为所有学生群组都能受到教育的地方。

在本章中，我们提供与教育者们的共事经历作为例子，用矩阵与相关的工具呈现出来，借以集中观察行政人员、教师、辅导员是怎样变革教育实践，以满足所有学生的学习与社会需求。评估准则包含的四个矩阵分别为课程与教学、评估与问责、家长社区沟通及延伸和职业发展。教学差距调查为你提供了一个视角，来看待正在实行的政策与实践。而评估准则为这些假设提供了坚实的例证，有的是促进改变的例子，有的是妨碍改变，即为我们所说的“停滞”状态。如果教育者能精准地做出引导其工作的推测，并与测试数据相结合，他们便有了改变行业价值、行为、政策与实践的指导方针，从而使历史上一直备受冷遇的学生受惠。对个人转型来说，最基本的是学习如何在自己与同事的学习（即改变）间调解与沟通。

文化水平评估准则

制定评估准则时，第一步便是在文化能力的各个必要元素的情景下，从实际操作的角度定义每一个杠杆点。表6.1“杠杆点与文化能力的五个必要元素”横向列出了四个杠杆点：课程与教学、评估与问责、家长社区沟通及延伸以及职业发展，纵向则是五个必要元素：评估文化知识、尊重多元化、驾驭差异动态、适应多元化以及文化知识制度化。本书附带的光盘中包含评估准则，在子目录“评估准则”之下。

表6.1 杠杆点与文化能力的五个必要元素

	杠杆点			
五个必要元素	课程与教学	评估与问责	家长社区沟通及延伸	职业发展
尊重多元化	课程在何种程度上反映了多元化。	在何种程度上利用文化差异收集数据。	在何种程度上尊重家长与社区的多元化。	职业发展在何种程度上解决了文化问题。
评估文化	课程在何种程度上为教育者与学生提供了解自己与他人的机会。	在何种程度上利用分离的数据增进知识，改变实践。	社区的参与在何种程度上促进了文化身份的认同、评估以及发展。	职业发展在何种程度上解决了文化身份的问题。
驾驭差异动态	课程在何种程度上促进多重视角。	在何种程度上利用数据解决文化群组间的差距。	社区的参与及努力在何种程度上提高了协调多元化的家长及社区与学校间的文化冲突。	职业发展在何种程度上促进使用调查与对话的方式，用多重视角看待多元化中的问题，并做出示范。
适应多元化	课程在何种程度上融合了文化知识。	在何种程度上调整评估方式，以满足文化群组的需要。	学校及社会人士在何种程度上做出改变，以满足社区的需求。	职业学习在何种程度上促成改变，以满足社区的需求。
制度化	价值观与政策在何种程度上支持了文化响应课程。	评估数据在何种程度上改变了价值观与政策，以满足文化群体的需要。	学校及社会人士在何种程度上将多元群体与组织文化的知识融入到日常实践中。	职业发展在何种程度上塑造了政策及实践，使其更适应多元群体的需求。

在检视每个评估准则之前，我们要注意每个单元格里的描述是例证，而非规定。我们希望你利用这些评估准则的例子，设计出属于你自己的方法解决类似问题。我们的目标是使你在与同事设计讨论学生学习问题的时候，能够更加敏锐。

■ 反思

在这一章，我们把反思问题放在内容之前，来引导你阅读、研究评估准则。在你见识过所有的评估准则后，借助某一个或全部的反思问题来思考所观察到的情况，并与同事进行讨论。为了让你更容易阅读并写下反思内容，这些问题将在适当的地方反复出现。

检视评估准则时，你觉得评估准则右边描述的做法与左边的有哪些主要的不同之处？

在本章的导语中，我们称文化水平评估准则是打破无知、敞开胸怀的关键，让我们相信可以教育好从前未受到足够的教育服务的学生。对于教育所有的学生达到更高水平这个目标，你看到了哪些以前没有发现的可能？

你会怎样把这项工具应用到职业实践中？

____

____

____

____

■ 评估准则之课程与教学

表6.2展示了课程与教学评估准则。表6.1中“课程与教学”一列下的描述放在了表6.2的第一列。

怎样阅读表6.2“课程与教学评估准则”：

- 知道评估准则由行与列组成。
- 每一行都是“文化水平的五个必要元素”中的标准之一。

- 共有七列。第一列上方写的是“必要元素”。在课程与教学的话题范围内，给出了每个元素的简要描述。
- 接下来的六列是文化水平连续体上的六个点。
- 第五列的标题是“具备文化能力”。这一列的每个叙述都对应一个文化水平的必要元素。主动语态描述的行为是当下学校可以采取的措施。
- 第六列的标题是“精通文化”，描述的是应关注并可预见的未来。

■ 反思

你认为评估准则右边描述的做法与左边主要的不同之处在哪里？

文化水平评估准则是打破无知、敞开胸怀的关键，让我们相信可以教育好那些从前未受到足够的教育服务的学生。要实现教育所有的学生达到更高水平的目标，你看到了哪些以前没有发现的可能？

你会怎样把这项工具应用到职业实践中？

____

____

____

____

■ 评估准则之评估与问责

表6.3展示了评估与问责的评估准则。与之前的矩阵一样，表6.1中“评估”一列下面的描述放在了表6.3的第一列。表格后面的小节将指导你怎样阅读这个表格。

怎样阅读表6.3“评估与问责评估准则”：

- 知道评估准则由行与列组成。
- 每一行都是“文化水平的五个必要元素”中的标准之一。
- 总共有七列。第一列上方写的是“必要元素”。在评估与问责的话题范围内，给出了每个元素的简要描述。

表6.2 课程与教学评估准则

五个基本元素	破坏文化	不具备文化能力	文化盲从	具备文化能力之前	具备文化能力	精通文化
评估文化知识 课程在何种程度上为教育者与学生提供了解自己与他人的机会。	限制或禁止分享文化知识以及发展文化身份。	支持被主流文化、主流学习方式及语言同化。	忽视与文化及学习有关的文化方面（教职员或学生）。	认识到课程没有包括学生的文化视角。在课程中融入可能反映学生视角的信息。	定期为学生提供机会，让他们为课堂的话题贡献知识与意见，并运用这些知识计划接下来的课程。	评估教师文化、课程文化以及学生文化间的差异，寻找在当下学习并使用文化应对课程的机会。
尊重多元化 课程在何种程度上反映了多元化。	选择并教授的课程与使用的资源只代表某个特定的视角或群组，以及/或对于事件、个人或群组进行不完整或不准确的描述。	选择并教授的课程与使用的资源只能反映出主流价值观、主流视角及语言。	选择并教授的课程与使用的资源及语言皆为州立教育机构与出版者推荐，因此只能提供有限的文化视角。	意识到课程可能只提供了有限的文化视角。选择并发展补充性的课程及资源，提供来自多元群体的信息。	选择、发展并实施能反映多元视角、语言的课程，全面、准确地描述历史事件与文化群组。	促进学生支持社会公正。
驾驭差异动态 课程在何种程度上促进多重视角。	忽视、寻找或改变数据，借以证实将学生放置在僵化、限制重重的课程路径的正确性，但这只会对多元学生群组的教育产生负面影响。	认为核心课程已经满足了所有学生的需求。即使学生表现不佳，仍将其安置在僵化的课程，并认为这是同化学生，提高学生成绩的最有效的方法。	只教授州或联邦强制的课程与干预计划，认为这对后进生来说是最好的选择。	认识到课程对所有学生可能不平等。教师会区别对待，可能有时为后进生设计的课程过于简单。	为学生提供具有挑战性并具有调查及更高层次的逻辑思维技巧的课程，沟通因人而定，可以激发多元视角。	为学生提供学习如何学习的机会，发展学术能力、智力水平与倡导社会公正。

续表

五个基本元素	破坏文化	不具备文化能力	文化盲从	具备文化能力之前	具备文化能力	精通文化
适应多元化 课程在何种程度上融合了文化知识。	选择并使用的课程总是不准确以及/或负面地描述各种群组与历史事件。 课程通过忽视、扭曲、莫须有的方式抹黑差异文化及事件。	使用的课程只描述主流群组的价值观与行为，以此将各种群组同化。 教职员认为同化是成功的一部分。	拥护标准、标准化课程、资源、教科书以及标准测试，以此保障课程对多元学生群组的公平，但却没有考虑到文化差异。	认识到学生间的文化差异，会在课程中补充关于各种文化的信息，但却不能融入课程之内。	在当前的课程中融合并融入文化相关的内容，并区分教学方法/资源，以满足所有学生的需要。	在课程中促进多元视角，以身作则，促进学生倡导社会公正。
制度化 价值观与政策在何种程度上。	制定政策与实践，确保课程排除、抹黑、错误表示多元群组及历史事件。 积极确定与消除威胁到期望视角的其他观点。	制定政策与实践，保护部门审查的课程与教学方法，认为它们对同化文化不同的群组有益。	将部门审查的课程与教学资源按标准化实施，以此满足所有学生的需要。	认识到当前课程的局限性是不能反映文化的，教职员可能将文化应对方法融入教学材料中。	制定政策与实践，确保机构审查的课程能完善知识、教学方法以及资源，最大化所有学生的学习成果。 策略能确保在学校内部与直属学校之间，学生不论在横向的部门比较还是纵向的年级比较中都能成功。 学生、教职员及家长定期一同检视数据，以此促进课程计划不断完善。	热情拥护整个学区担负起缩小学习与成绩差距的责任。

表6.3　评估与问责评估准则

五个基本元素	破坏文化	不具备文化能力	文化盲从	具备文化能力之前	具备文化能力	精通文化
评估文化知识 在何种程度上利用分离的数据增进知识，改变实践。	故意使用文化上不适当的测验，错误诊断、错误安置以及错误对待学生的学习成绩与需要。 避免或抵制收集数据以及/或错误使用数据，以得到关于多元文化群组不准确的结论。	使用传统或学生不适应的评估以及数据，对其进行分类、挑选、改善，认可将多元文化群组同化进主流学校文化与课程的正确性。	不知道文化会影响学生在评估中的表现，不了解测验中存在文化偏见。使用单一的评估方式。 没有意识到需要收集并将数据分类，以此了解多元文化群体的进度以及/或需要。	认识到文化与学习之间的关系。使用多种有益的方式反映学生的文化差异。 认识到自己对文化群组的知识有限，使用分离的数据，但有可能得出不准确的结论或做出不符合学生需要的决定。	使用多种有益的方式反映学生的文化以及语言背景。 收集并使用分离数据，让所有利益相关者知道各种文化群组的进展与需求。	倡导选择并设计、评估能够反映学生多元化的工具。 倡导收集与使用分离数据分析群组趋向，在缩小现有差距的同时预测持续变化的学生的需求。
尊重多元化 在何种程度上利用文化差异收集数据。	避免、抵制制定满足多元化的学生需求的评估，唤起对其的厌恶与反感。 避免或抵制收集或分离能够反映社区内文化差异的数据。 使用数据去消灭或限制专为某个文化群组特别制定的计划或服务。	认为学生的文化与语言差异是缺陷，根据单一的评估与测验分数确定学生的学习与在计划中定位。 使用分离数据来证明群组测试的不足，支持维持现状的计划或服务。	知道群组间成绩差距，但认为标准测试与传统评估能够有效反映现状。 使用混合数据促进同质化，并认为一般的方法是正确的。	认识到学生的文化多样性可能引发关于多种评估方式或标准的首次调查。 认识到单一数据源得出的信息具有局限性，教育者收集并分析多源信息，开始了解哪些是无效的、不可靠的、累赘的或非决定性的。	相信所有的学生都能达到高标准，寻找了解学生文化及语言的机会。 致力于使用有效及可靠的评估方式来评估各个学生群组，教育家长和学生，使其了解评估的使用方式与目的。 收集并使用来自多来源信息的分离数据，绘制能准确描述学生成绩的蓝图。	维护倡导让后进生达到高标准的社区文化，促进社区学习素有学生的文化、语言及学习模式。 让所有利益相关者知道如何适当使用评估，倡导有效、可靠的评估方式，分享多来源数据信息，将其告知学生并支持所有学生的进步。

续表

五个基本元素	破坏文化	不具备文化能力	文化盲从	具备文化能力之前	具备文化能力	精通文化
驾驭差异动态 在何种程度上利用数据解决文化群组间的差距。	避免、抵制会促成为后进生提供不同评估方式的信息，激发对其的反感。使用学生群组间成绩差距的数据来证明后进生的缺陷以及他们不值得投入资源。	认为传统、单一的评估与标准化测试能够产出关于学生进度的准确信息，拒绝寻找另外或可替代的学生信息。 使用关于学习与成绩差距的数据来进一步证实其对于表现不好的群组的缺陷思维，导致最终做出加深成绩差距的决定。	知道群组差异，却认为没有必要进一步寻找能反映学生表现与评估文化问题的信息。 由于注意到差异而感到不适，被精英教育先入为主，最小限度地收集、分离与分析能够反映文化群组状态、需求、差距的数据。	认识到群组间存在学习与成绩差距，教育者开始学习文化对评估的影响。 评估实践仍然浮于表面，或同时应用于整个组织所有的学生群组，对于学生的需求及差距，有做出不准确、不可靠的结论的危险。	与其他利益相关者合作，发展并使用可靠及有效的评估，能够支持学生学习，并应用评估确定学生的进度。 使用学习及成绩差距数据引发调查、调查、与满足多元学生群组需求的决议。	倡导真实的伙伴关系与合作，开发能够反映多元学生群组的文化及语言资产的评估方法。 使用学习与成绩差距数据唤起行动，缩小与弥合学习及成绩差距，同时解决与克服导致差距的系统障碍。
适应多元化 在何种程度上调整评估方式，以满足文化群组的需要。	避免、抵制引入任何为多元学生群组设计的评估方式，唤起对其的反感；反对多元群组有特殊的评估及学习需求的观点。	认为传统、单一的评估以及标准化测试可以得出关于学生进展的准确结果，因此避免对正式或非正式的评估做出任何调整。 使用评估数据证明现状的合理性，要改变学生而不是检视整个系统中阻碍学习与成绩的障碍。	使用评估与数据诊断所有学生的学习进度，但却并没有考虑到文化或语言差异。	认识到评估不能准确充分地衡量一些学生的学业与潜能，但改变流于表面而且泛泛，可能并没有满足一些群体的需要。	改变课堂评估实践，令其反映学生的文化与语言，同时保证内容的严厉。 使用评估数据做出决策与调整，提高所有学生群组的学习成绩。	倡导满足学生需求的正式及非正式的评估。 创造重视数据的文化，保证所有利益相关者从多种来源收集、分离并分析数据，以检视所有文化群组的进度。

续表

五个基本元素	破坏文化	不具备文化能力	文化盲从	具备文化能力之前	具备文化能力	精通文化
制度化 评估数据在何种程度上改变了价值观与政策，以满足文化群体的需要。	促进并发展系统内“一刀切”评估的政策、实践以及结构，导致数据不能为所有学生的进度及需求提供有效及可靠的信息。 使用数据做出决策，限制或拒绝发放满足所有群组学生需求的资源。	维护系统内“一刀切”评估的政策、实践以及结构，即使其并不能充分衡量多元学生的进度。 使用这些评估得出的数据，加深对于学生潜能的缺陷性认识，并做出对多元学生群组的教育有负面影响的决策。	政策、实践以及结构依赖现有的州及学区评估系统运作，提供充足的所有学生群组进度的信息。 这限制了使用其他评估方式的可能，尽管后者能更好地满足多元学生的需求，缩小成绩差距。	认识到传统或标准化评估，以及测试评估不能充分衡量所有学生的学习，开始了解怎样改变或寻找其他的评估，提供可靠并有效的数据，以此做出照顾到多元学生群组的决策。	整个系统的机构与资源让教育者能够合作，制定对多元学生群组有效的评估策略，分析学生作业，创造共同的评估准则，加深他们对评估的了解，从而提高对弱势群体的教育服务。	在州及学区级倡导能保障评估选择与改变的政策、实践及结构，问责体系可靠有效，对所有学生群组公平公正。 学校内建立重视数据的文化，为适当分析学生及学校数据、缩小成绩差距提供不断发展的结构及资源。

- 接下来的六列是文化水平连续体上的六个点。
- 第五列的标题是“具备文化能力”。这一列的每个叙述都对应一个文化水平的必要元素。主动语态描述的行为是当下学校可以采取的措施。
- 第六列的标题是“精通文化”，描述的是应关注并可预见的未来。

■ 反思

你认为评估准则右边描述的做法与左边主要的不同之处在哪里？

文化水平评估准则是打破无知、敞开胸怀的关键，让我们相信可以教育好那些从前未接受到足够的教育服务的学生。要实现教育所有的学生达到更高水平的目标，你看到了哪些以前没有发现的可能？

你会怎样将这项工具应用到职业实践中？

____

____

____

____

■ 评估准则之家长社区沟通及交流

表6.4展示了家长社区沟通及延伸评估准则。阅读表格时，你会再一次注意到，表6.1中“家长社区沟通及延伸”一列下的描述放在了表6.4 的第一列。表格后面的小节将指导你怎样阅读这个表格。

怎样阅读表6.4“家长社区沟通及延伸评估准则”：

- 知道评估准则由行与列组成。
- 每一行都是“文化水平的五个必要元素”中的标准之一。
- 总共有七列。第一列上方写的是“必要元素”。在家长社区沟通及延伸的话题范围内，给出了每个元素的简要描述。
- 接下来的六列是文化水平连续体上的六个点。

表6.4　家长社区沟通及延伸评估准则

五个基本元素	破坏文化	不具备文化能力	文化盲从	具备文化能力之前	具备文化能力	精通文化
评估文化知识 社区的参与在何种程度上促进了文化身份的认同、评估以及发展。	忽视、蔑视或惩罚表达需求的家长或群组。	有目的地将其同化进主流文化，以此帮助多元文化背景的家长与群组成员。	家长、社区与学校领导来自特定群组，而没有考虑到不同的文化群组。	家长、社区与学校领导认识到学习各自文化的重要性，才能真正相互了解。	家长、社区及学校领导互相学习对方的文化，缩小家庭、社区与学校文化间的鸿沟。	家长、社区与学校领导持续地检视环境，从而应对不断变化的群体构成。
尊重多元化 在何种程度上尊重家长与社区的多元化。	关于能满足所有学生需求的计划及服务，积极防止不同文化群组参与相关决策。	确定家长及社区成员的身份，修正他们的文化缺陷。	让家长与社区参与，只是为了应对法律强制要求，没有真正考虑到多元文化群组。	认识到让文化多元的群组参与决策的需要，可能包括了部分但不是全部的群组。	让家长与社区成员选择的代表作为合作伙伴参与决策，制定能满足多数学生需求的计划及服务。	家长与社区成员选择的代表倡导缩小成绩差距，并以身作则，倡导社会公正。
驾驭差异动态 社区的参与及努力在何种程度上提高了协调多元化的家长及社区与学校间的文化冲突。	怂恿对稀缺资源的争夺，引发群组间冲突，以此破坏一些家长群组参与的可能。	忽视正在解决对他们十分重要的问题的家长与群组。	鼓励群组共同合作，在决定性的问题上寻找共同立足点。	认识到正在浮现的群组间冲突，教职员可能制定调解冲突的策略，在多元文化群组内不再找出关键联结。	创造鼓励多元视角的文化，在所有社区、家长以及学校等群体间建立对话的能力，并进行实践。	教职员、家长与社区群组共同预测不断变化的社区构成的需求，以及相关问题。

续表

五个基本元素	破坏文化	不具备文化能力	文化盲从	具备文化能力之前	具备文化能力	精通文化
适应多元化 学校及社会人士在何种程度上做出改变，以满足社区的需求。	家长及/或学校教职员阻止能够让多元文化群组与学生受益的改变。	家长与学校教职员认为满足不同群组文化上的需求会引起纷争。	家长与学校教职员不认为需要满足不同群组的需求。	认识到家庭与学校文化的区别，家长、社区提及学校领导可能开始解决多元社区群体的需求。	家长与学校教职员共同确定及解决多元文化群组的需求。	教职员、家长以及社区共同满足所有文化群组的需求，并预测群组内的变化，做出相应的计划。
制度化 学校及社会人士在何种程度上将多元群体与组织文化的知识融入到日常实践中。	学校教职员制定的政策与其行为系统性地将文化背景不同的家长排除在外，使其不能参与关于他们孩子教育的重要决策。	认为改变以满足多元化学生的需要有违现状，同时违背了同化文化差异群体的目标。	学校教职员支持并赞助传统的家长及社区组织、政府强制令，认为它们是为所有文化群组服务的。	认识到正在出现的家长与社区需求，家长、社区及学校领导可能改变结构以适应这种需求。	创造能解决学校、家长以及社区的多元文化需求，评估满足这些需求的有效性。	为满足多元群体需求，家长与社区对政策、实践与结构不断做出有意义的贡献。

- 第五列的标题是“具备文化能力”。这一列的每个叙述都对应一个文化水平的必要元素。主动语态描述的行为是当下学校可以采取的措施。
- 第六列的标题是“精通文化”，描述的是应关注并可预见的未来。

■ 反思

你认为评估准则右边描述的做法与左边主要的不同之处在哪里？

文化水平评估准则是打破无知、敞开胸怀的关键，让我们相信可以教育好那些从前未接受到足够教育服务的学生。要实现教育所有的学生达到更高水平的目标，你看到了哪些以前没有发现的可能？

你会怎样把这项工具应用到职业实践中？

■ 评估准则之职业发展

表6.5展示了职业发展评估准则。同前文一样，表6.1中“职业发展”一列下的描述放在了表6.5 的第一列。表格后面的小节将指导你怎样阅读这个表格。

怎样阅读表6.5“职业发展评估准则”：

- 知道评估准则由行与列组成。
- 每一行都是“五个必要元素”中的标准之一。
- 总共有七列。第一列上方写的是“必要元素”。在职业发展的话题范围内，给出了每个元素的简要描述。
- 接下来的六列是文化水平连续体上的六个点。
- 第五列的标题是“具备文化能力”。这一列的每个叙述都对应一个文化水平的必要元素。主动语态描述的行为是当下学校可以采取的措施。
- 第六列的标题是“精通文化”，描述的是应关注并可预见的未来。

表6.5　职业发展评估准则

五个基本元素	破坏文化	不具备文化能力	文化盲从	具备文化能力之前	具备文化能力	精通文化
评估文化知识 职业发展在何种程度上解决了文化身份的问题。	避免并禁止能够提供学习自己及他人文化身份的职业学习机会。	职业学习的实践与方法鼓励主流文化的同化。	职业学习提供的方法避开与文化身份有关的问题，并认为这对所有学生有益。	认识到学校与家庭文化间的差异，职业发展可能解决这个文化问题。	职业学习让参与者了解到他们自己与其他人的文化，以及学校的文化。 职业发展帮助缩小成绩差距，并在文化、语言、学习与沟通方式上建立桥梁。	职业学习帮助教职员缩小未受到良好照顾的学生的成绩差距，并对不断变化的群组需求做出预测。
尊重多元化 职业发展在何种程度上解决了文化问题。	职业学习意在扼杀文化、语言及学习方式显露的机会。	职业学习机会支持主流文化及学习方式同化。	职业学习机会鼓励用单一的方式满足所有学生需求。	认识到社区多元化，有可能在职业学习中解决不同文化群组的需求。	职业学习帮助教职员开发能满足多种文化、语言与学习方式需求的方法。	职业学习机会帮助参与者预测、确定并回应不断变化的群组构成。
驾驭差异动态 职业发展在何种程度上促进使用调查与对话的方式，用多视角看待多元化中显露的问题，并做出示范。	职业学习鼓励抹黑一些学生、家长及教职员群体的文化需求。	职业学习被用来影响并改变事件行为，将他人同化进主流文化，以更好地实施教育，节约学校资源。 多数原则或多数选择证明这样做的合理性。	职业学习与会议倡导共同良性发展的话题及议程。当发生冲突时，更倾向于达成共识。	认识到多元化的问题一直存在，并经常引发冲突，学校领导会确定并提供职业发展机会，将多元化的问题摆上台面，并用多重视角分析。	职业学习机会融入了看待相关问题的多重视角，并促进了讨论多元化引发的问题与冲突的可能。	职业学习机会促进更好满足不断变化的群体需要的社会行动。

续表

五个基本元素	破坏文化	不具备文化能力	文化盲从	具备文化能力之前	具备文化能力	精通文化
适应多元化 职业学习在何种程度上促成改变，以满足社区的需求。	职业学习活动抑制了满足多元群组需求的改变。	职业学习机会假定，满足多元文化群组需求的最好方法是保持现状，并帮助他们同化。	职业学习主要含有地区、州或联邦机构审查过的计划，认为它们已经满足了所有文化群组的需求。	认识到多元群体的需求，职业学习机会检视并改变实践，以更好地满足多元群体的需求。	职业学习机会利用数据推动改变，以更好地满足多元社区的需求。	职业学习机会帮助教职员预测不断变化的多元群体的需求，并制定灵活的政策、实践以满足文化及将来的需求。
制度化 职业发展在何种程度上塑造了政策及实践，使其更适应多元群体的需求。	职业学习机会主要源于否定多元群体需求的价值观与政策，系统性地应用于学校与课堂。	学校与课堂的职业学习机会只会加深同化的价值观与政策。	在课堂与学校应用强制的职业学习机会，并认为它们已经满足了所有文化群组的需求。	认识到有些群组的需求未被满足，职业学习机会可能检视并重塑价值观与政策，使其满足群组需求。	在课堂、学校与社区中鼓励、分享并应用职业学习机会，达到提高学生学习及成绩的目标。	职业学习机会可以提高群体安康及互助。

■ 反思

你认为评估准则右边描述的做法与左边主要的不同之处在哪里？

文化水平评估准则是打破无知，敞开胸怀的关键，让我们相信可以教育好那些从前未受到足够的教育服务的学生。要实现教育所有的学生达到更高水平的目标，你看到了哪些以前没有发现的可能？

你会怎样把这项工具应用到职业实践中？

教学差距调查的评估准则描述了连续体各个层面的例子。因此，不仅可以作为评估进度的工具，更可以描述接下来的步骤。它们可以为你提供关于某个子系统、杠杆点或系统间公平的进度的最重要信息。而这些评估准则最重要的功能，则是为讨论提供行业实践的信息，帮助我们寻找为所有学生提供最优质教育的方法。

艾尔文•托夫勒（2006）作出了这样的警告，21世纪的文盲并不是指不会读书写字的人，而是指不能通过学习去除积弊，然后再学习的人。文化水平的评估准则，就是帮我们去除积弊、重新学习的关键。它让我们能够直面并克服在学校与社会中根深蒂固的不公平。我们会怎样利用它们，来为所有学生打开通往各种可能的大门呢？

文化水平评估准则之专家验证笔记

我们将这四个评估准则提交给全美六个教育专家组成的小组检验。专家小组的每一位成员对我们提出的提升文化水平的工具都十分熟悉，曾出版过利用这些工具组织的材料，并在他们的专业工作中应用教学差距调查。

我们为小组成员提供了操作定义的矩阵（例如：文化破坏力、尊重多元化、职业发展）以及另一个展现连续体与必要元素的交际的矩阵。读者还知道，这两份文件说明了制定这四个评估准则的过程。

小组成员在指导下，判断每一行的单元格（即，连续体上的点）是否独立并有所进展，并给出他们的分数。用每一条评估准则来指导判断过程。接下来，小组成员在指导下，判断在评估准则的话题范围内（如，评估与问责），必要元素各行的单元格是否适当地描述了连续体上的各个点。之后，本书作者会根据专家小组的判断，进一步修改每个评估准则中的例子。

第三部分
ABC案例研究学校与你的学校

用你已经掌握的技巧进行教学差距调查

第三部分为你研究你的学校提供了一套系统的方法，让你确定当下学校里哪些方面做得不错，还有哪里需要提高。请注意我们整本书使用的指称是一致的：你的学校。你可以将这本书所讲的工具应用在你的课堂、年级、部门、学校、地区的校群或学区。

如果你在读这本书，便说明你是一位负责任的教育者（杜富尔，2004；海科克，2001；约翰逊，2002；辛格尔顿，2006），而在你的学校中就存在成绩差距这一现象。我们认为，若想取得必要的进度，首先要知道现在所处的位置，这样才能制订出核心清晰、各部分紧密联系的改善计划。

本部分的图3.1将前两部分介绍章节（图1.1与图2.1）继续拓展，引入第七章至第十章的内容，指导你收集学校的数据，做出相应的决策。

第七章、第八章及第九章通过两种方式拓展了第二部分提供的数据。第七章聚焦于学生成绩数据，第八章及第九章则关注学生机会数据。在这三章中，我们引入了ABC案例研究的数据，并将其制成表格。另外，我们还提供了空白的表格及光碟供你使用。这几章为你提供了完成下列事项的工具：

- 确定你在学校里想要研究的学生群组。
- 在研究中提出关于这个群组的关键问题。

- 分析数据并进行反思，以此来了解你学校这个学生群组当下的教育情况。

第十章提供了另一套检视及了解学校的工具。前面三章集中讨论了学生的模式，而第十章的重点则是我们教育者的行为。你将重新认识提升文化水平的工具、文化水平连续体以及文化能力的五个必要元素。第七章、第八章、第九章的工具能够帮助你了解学生成绩的数据，同样，第十章的工具则会帮助你在学校中展开讨论，并从讨论中有所收获。读完这章，你会更深刻地认识学校中被视为改变杠杆点的四个功能区：

- 评估与问责；
- 课程与教学；
- 家长社区沟通及延伸；
- 职业发展。

第十章继续关注ABC案例研究学校，并提供了将评估准则应用于你学校的指南。这一章中出现的讨论可能就发生在你的学校，内容也是关于你的学生。我们教育者必须听到我们自己是怎样谈论学生以及他们的文化以及认识到我们的讨论中反映出对学生及其社区的哪些期望，我们与他们又是什么样的关系。如果与前三章的数据结合在一起，就能强有力地概述我们需要控制的学校教育的三大方面——课程、教学（即是教育法）以及文化理解。

图4.1在图1.1与图2.1的基础上继续拓展，为教学差距调查做出了图像化的展示。调查过程围绕三种数据进行——学生成绩、学生机会以及教育者关于表现不佳的学生讨论档案。

附录为资深研究者与评估者分析成绩差距信息，提供了一个技术性更强的模型。

图4.1　教学差距调查

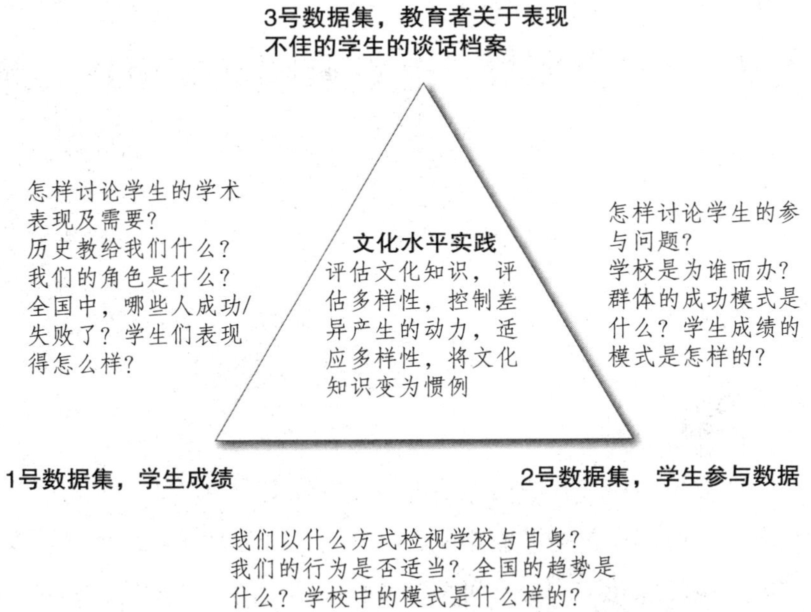
3号数据集，教育者关于表现
不佳的学生的谈话档案
怎样讨论学生的学术
表现及需要？
历史教给我们什么？
我们的角色是什么？
全国中，哪些人成功/
失败了？学生们表现
得怎么样？
文化水平实践
评估文化知识，评
估多样性，控制差
异产生的动力，适
应多样性，将文化
知识变为惯例
怎样讨论学生的参
与问题？
学校是为谁而办？
群体的成功模式是
什么？学生成绩的
模式是怎样的？
1号数据集，学生成绩
2号数据集，学生参与数据
我们以什么方式检视学校与自身？
我们的行为是否适当？全国的趋势是
什么？学校中的模式是什么样的？

第七章　1号数据集——在成绩数据中找到意义

让我们不再满足于等待及观望事件的发生，而是由我们自己决定它们。

——贺拉斯·曼（2006）

仔细思考

在第四章的开篇，我们提到要简要记录你对一些学生不擅长方面以及实际情况的了解程度。请沿着这个思路继续。既然你已经阅读了这本书的其他内容，也已经花了一定时间来思考有关学生的一些事情，那对于他们表现不好的情况还有哪些了解？

____

____

____

____

数据可以支持学校领导对所有学生的真切期盼。里夫斯（2006）认为强有力的学校领导人如果能就以下问题作出回应，便能够在公共关系陈述中所描述的前景“鬼话”中脱身：

- 作为一个组织，今年有哪些方面是领先于人的？
- 在接下来的三到五年里我们将怎样发展？
- 组织机构中哪些部分会保留下来，哪些部分需要改变？
- 将来还会有我的一席之地吗？
- 我的工作将会如何改变？
- 在将来，需要学习哪些东西才能在组织中变得更有价值？

• 将来我为什么还会是这个组织中的一员？

如果教育者想要认真地提供与学生相处的途径，那就必须回答上述这些问题。提出这些问题给自己及学校内的其他教育者及教育领导者，无论其身份是教师、助教、顾问或管理人员，都在研究现实中有意义的问题。

针对你所描述的第五章及第六章关于你们学校的内容，这一章节会让你了解学校教学差距调查数据的收集过程。学校作为一个真正的学习组织，数据是重要的。此外，这一章会让你掌握运用数据来指导你的决策，无论这些数据是学术成绩测验得分，学生发表期刊号码，抑或是学生间深刻谈话的要点。最重要的问题是："我们现在已经有数据了，但那又怎么样呢？""怎么样"在如何利用这些数据改善学生学习状况中是十分重要的，它让我们在兜转一圈后重新回到里夫斯（2006）提出的颇有挑衅意味的问题。

如果不合理利用，数据就不能发挥它们的作用。正是我们利用数据指导实践的方法及政策，才赋予数据本身强大的作用。这一章会指导如何汇编学校的成果数据。第八章及第九章将让读者自己汇编及分析所在学校的学生评价数据。

本章的成果数据分析聚焦于标准测试及常模参照测试。这些测试多用在国家（州立）项目或者责任项目，并且数据在学区级别是可以直接获得的。此外，我们强烈鼓励使用其他来源——读者所在学校的数据，例如，教室格局评估以及其他衡量学生成绩的方法。当地的评估手段通常能更好地反映学生的课程成绩，也能为学生学业成绩水平提供更详细、更综合的前景评估。要谨记，当评价学生表现时，最好采用多手段的评价方法。这本书所展示的分析方法同样适用于其他评估手段。

本章推荐使用同龄群体模型来分析学生学术成绩的差异，同龄群体模型数据分析方法独一无二的特点是，拉丁裔学生及英语学习者是排除在外的。因此，任何一个学生在学术成绩评价中都只计数一次。

同龄群组模型和ABC案例研究学校

在第四章，我们利用同龄群体模型这种方法，将一组学生与在校所有学生（例如，他们的同龄人）作比较。同龄群体模型方法在学校、学区或社会背景下体现了更为有效的优越性。这反映了当地学生人口统计资料，并包含了在学业成绩差异分析的学生群体，就如将在我们的案例研究学校所看到的一样。

我们以ABC研究学校来说明如何计算群组得分以及解释人口统计学的差异[①]。ABC案例研究学校（The ABC Case Study School）位于加利福尼亚州的郊区，包括幼儿园至六年级的学生。ABC案例研究学校是拥有571名学生的I类学校，办校第二年就被指定为州立及同盟项目改善基地。表7.1、表7.2记录了此学校的学生人口统计资料。表7.1列举了在校学生的种族情况。

表7.2列出了在校学生的性别、贫困水平、英语学习者（EL）以及英语学习者主修课程的主要语言。贫困组学生是指参与国家学校午餐计划（NSLP）的学生。这一部分的人口统计学资料是基于2004年10月加利福尼亚州基础教育数据系统（CBEDS）计算而来的。

表7.1　ABC案例研究学校学生的种族情况

种族	学生数	所占比例
非洲裔美国学生	60	10.5%
第一民族	10	1.8%
亚裔	24	4.2%
菲律宾裔	7	1.2%
西班牙/拉丁裔	159	27.8%
太平洋岛民	7	1.2%
白人（非西班牙人）	304	53.2%

① 附录中有一个用来确认教育差距的更为复杂而准确的方法。

表7.2　ABC案例研究学校学生的其他描述性信息

群体特性		学生数	所占比例
性别	男性	292	52.9%
	女性	260	47.1%
SES和英语学习者			
国家学校午餐计划		407	73.8%
英语学习者		145	25.4%
英语学习者的主要语言			
西班牙语		113	77.9%
俄语		9	6.2%
波斯语		4	2.8%
乌克兰语		4	2.8%
有学习障碍的学生		58	10.2%

像美国的许多学校一样，ABC案例研究学校学生也包含三个或三个以上主要的种族群体，主要是西班牙/拉丁裔、非洲裔以及白人。与美国的许多学校相似，大概有25%的学生是英语学习者，而大约有10%的学生被认为有学习障碍。西班牙语是ABC学校中英语学习者的主要语言，与全国内的日渐增长的模式相似。

基于标准评估内容

如果采取州级或当地的标准争议太多，就说明这种标准对一部分学生是存在问题的。我们认为文化水平教育者研究的重点是：需要做哪些事才对我们的学生更有益。当继续阅读这本书的后续内容，我们一直存在的疑问便是："作为教育人员，如何将这些信息应用于实践？"如果我们致力于探索哪些事能够更有效地教育所有的儿童及青年人，无论我们的角色是管理人员、教师、顾问、助教、父母或社区的一员，我们的作用都已经得到了提升。基于内容评估是延伸学习的好机会。

基于标准内容测试中最易获取的信息是学生的成绩等级。成绩等级标准在州际或学区间是有所不同的，但典型的是分为四到五个等级。例如，五等级法的分级描述通常为“精通”，“熟练”，“基础”，“低于基础”，“远低于基础”。在接下来的分析中，我们把这五种表现等级合并成三种，并进行相应的课程安排及讲解：

- 熟练或精通。
- 基础水平。
- 低于基础或远低于基础。

对于运用四分级法的学校，其四分法也能够像上述介绍的一样合并成三等级法。四个等级的评价规范通常用“熟练”或“精通”来形容那些评分达到州立或当地标准的学生。用“基础”来描述那些评分在州立或当地标准边缘的学生，用“低于基础”“远低于基础”来形容那些评分低于或远低于州立或当地标准并且需要指导性干预的学生。

为了探究两组学生之间的差异，我们起初用统计学对两组学生进行对比（例如男生与女生）。接下来，我们来确认男生与女生分别在三等级法里每个等级中所占的比例。我们把得到的男女学生比例数据进行对比来判断他们之间是否存在成绩差异。

我们需要建立一种标准来判断群组之间是否存在教育上的显著差异。回想第三章的内容，我们推荐使用效应值0.25（即百分制下10分）或更大的效应值来比较两组之间的差异。教育显著差异是指有现实的教育意义的不同，能显示出群组间存在成绩差异，并需要额外的指导策略或干预以及对学生需求的文化应答。这是一种决策判断，如果你觉得对你的设置来说有更合理的标准，你可以不采用10% 作为标准。10%的标准对你的学校来说也许比较保守，你可以采用更低的数值（如5%）来判断群组间差异。

ABC学校基于标准评估的内容

ABC案例研究学校阐述了数据的收集及基于标准测试分析的过程。在案例分析回顾之后，我们为读者提供了记录所在学校数据的空间，并反映出你对统计出的学生群体表现的观察结果。ABC案例研究学校的教育者们选择同龄群组模型来分析。研究员们完成了以下学生组的分析：非洲裔、拉丁裔、白人、贫困组、性别以及英语学习者。为了说明这些分析结果，本章将叙述以下各组的比较：

- 非洲裔学生与同龄群组学生（例如，不是非洲裔的学生）
- 拉丁裔学生与同龄群组学生
- 男生组与女生组

为了得到更可信的分析，英语学习者的数据是单独分析的。你也许想起在第三章的讨论，并非所有的拉丁裔人都是英语学习者，将他们单独进行比较，可以为每个群体的教育需求提供更为准确的评价。分析结果使用等级水平表示，这能让我们通过各个等级水平，对学生表现做出诊断性的观察。这个结果只针对英语语言艺术学科。同样的处理方法也可应用于统计学上学生组间的其他学科的比较，比如数学及科学。

■ 非洲裔学生组与同龄群体的比较

表7.3及表7.4显示的是在基于标准英语语言艺术测验中，非洲裔学生组及其同龄群组的成绩等级及每组的总成绩（所有成绩等级的汇总）情况。与同龄群组模型数据分析的方法一致，英语学习者在表中是排除在外的，并且两分组数据是完全分离的，即一名同学无论属于哪一组都只能计数一次。

表7.3　基于标准的英语语言艺术：ABC案例研究学校的非洲裔亚组的数量及比例

	非洲裔学生					
	二年级	三年级	四年级	五年级	六年级	总数
精通						
数量	0	1	1	1	0	3
比例	0%	11%	10%	9%	0%	6%
熟练						
数量	2	2	3	3	1	11
比例	25%	22%	30%	27%	11%	23%
基础						
数量	2	2	1	3	3	11
比例	25%	22%	10%	27%	33%	23%
低于基础						
数量	3	3	4	2	4	16
比例	38%	33%	40%	18%	44%	34%
远低于基础						
数量	1	1	1	2	1	6
比例	13%	11%	10%	18%	11%	13%
总数						
数量	8	9	10	11	9	47
比例	100%	100%	100%	100%	100%	100%

表7.4　基于标准的英语语言艺术：ABC案例研究学校的非洲裔同龄亚组的数量及比例

	非洲裔同龄学生					
	二年级	三年级	四年级	五年级	六年级	总数
精通						
数量	0	7	6	3	5	21
比例	0%	16%	13%	8%	9%	9%

续表

	非洲裔同龄学生					
	二年级	三年级	四年级	五年级	六年级	总数
熟练						
数量	14	12	20	16	18	80
比例	38%	27%	43%	40%	33%	36%
基础						
数量	9	20	13	10	25	77
比例	24%	44%	28%	25%	45%	34%
低于基础						
数量	11	3	4	5	5	28
比例	30%	7%	9%	13%	9%	13%
远低于基础						
数量	3	3	4	6	2	18
比例	8%	11%	10%	18%	11%	13%
总数						
数量	37	45	47	40	55	224
比例	100%	100%	100%	100%	100%	100%

表7.3及表7.4包括了学生在每个项目的成绩等级的数目及比例。这些表格用五等级法来衡量学生的成绩，为了更方便比较，将上述数据汇总成三等级法，如表7.5。

为了便于分析，表7.5 总结了表7.3及表7.4中非洲裔学生及其同龄群组学生的成绩。正如我们之前所讲，这个表将总数五分级法汇总成了三分级法。

表7.5 ABC案例研究学校的非洲裔学生组及其同龄学生组总体的英语语言艺术标准测试汇编等级总表

次群组	“精通或熟练”学生的比例	“基础”学生的比例	“低于基础或远低于基础”学生的比例
非洲裔组	29%	23%	47%
非洲裔同龄群组	45%	34%	21%

表7.5表明非洲裔学生同龄群组中等级为“精通或熟练”（45%对29%）及“基础”（34%对23%）的学生较非洲裔组所占比例更多。非洲裔组中等级在“基础”以下的学生比例较同龄群组多（47%对21%）。

这个比例表示在非洲裔及其同龄群组间在各个等级的成绩上都有教育上的显著差异。三个等级的差异度都超过了10%，其中差异最大的为“低于基础或远低于基础”这一等级，非洲裔学生在这一等级上的比例较同龄群组多26%（47%对21%）。在前两个等级上的差异表明以下这些发现：在“精通或熟练”这一等级中，非洲裔学生组及同龄群组有16%的差异，而在“基础”这一等级中，两组的差异为11%。

结论

在这个学校中，非洲裔学生及其同龄学生教育的成绩存在差异。其中最大的差异表现在“低于基础和远低于基础”这一等级上。

年级的比较

ABC案例研究学校的数据让我们注意到比较分组数据时必须要注意哪些地方。在解释ABC案例研究学校年级水平形式的数据时我们必须保持谨慎，因为在非洲裔学生组中每个年级的数据都很少（学生数量8~11）。这个学校在判断非洲裔学生的年级水平趋势时并不能提供足够大的样本量（30或以上的学生数量）。

■ 拉丁裔与拉丁裔同龄群组对比

表7.6及表7.7显示的是拉丁裔组及其同龄群组2~6年级学生在相同的基于标准英语语言艺术测验的成绩情况。与之前一样，为了与同龄群组模型数据分析的方法一致，英语学习者的成绩会单独进行分析，他们的数据在下面的表中未予显示。

表7.6　基于标准的英语语言艺术：ABC案例研究学校的拉丁裔学生的数量及比例

	拉丁裔学生					
	二年级	三年级	四年级	五年级	六年级	总数
精通						
数量	0	2	0	0	1	3
比例	0%	20%	0%	0%	7%	6%
熟练						
数量	3	1	7	4	4	19
比例	30%	10%	58%	50%	29%	35%
基础						
数量	2	6	1	2	8	19
比例	20%	60%	8%	25%	57%	35%
低于基础						
数量	4	1	2	0	1	8
比例	40%	10%	17%	0%	7%	15%
远低于基础						
数量	1	0	2	2	0	5
比例	10%	0%	17%	25%	0%	9%
总数						
数量	10	10	12	8	14	54
比例	100%	100%	100%	100%	100%	100%

表7.7　基于标准的英语语言艺术：ABC案例研究学校的拉丁裔同龄群组学生的数量及比例

	拉丁裔学生					
	二年级	三年级	四年级	五年级	六年级	总数
精通						
数量	0	6	7	4	4	21
比例	0%	14%	16%	9%	8%	10%

续表

	拉丁裔学生					
	二年级	三年级	四年级	五年级	六年级	总数
熟练						
数量	13	13	16	15	15	72
比例	37%	30%	36%	35%	30%	33%
基础						
数量	9	16	13	11	20	69
比例	26%	36%	29%	26%	40%	32%
低于基础						
数量	10	5	6	7	8	36
比例	29%	11%	13%	16%	16%	17%
远低于基础						
数量	3	4	3	6	5	19
比例	9%	9%	7%	14%	6%	9%
总数						
数量	35	44	45	43	50	217
比例	100%	100%	100%	100%	100%	100%

表7.6及表7.7中显示的拉丁裔及其同龄群组的学生都是完全分开的，即一名学生只能在一组内计数。这些表包含每个年级学生评分的等级情况。

表7.8总结了拉丁裔学生及其同龄群组学生的总体成绩。这个表格把五等级法合并成三等级法。

表7.8　ABC案例研究学校的拉丁裔学生组及其同龄学生组总体的英语语言艺术标准测试汇编等级总表

亚组	“精通或熟练”学生的比例	“基础”学生的比例	“低于基础或远低于基础”学生的比例
拉丁裔组	41%	35%	24%
拉丁裔同龄群组	43%	32%	26%

表7.8说明拉丁裔学生组及其同龄群组之间的差异范围为2%（精通/熟练和低于基础/远低于基础）到3%（基础）。这表示组间存在微小差异，因此并不代表在学生水平之间有教育的显著差异。

结论

在基于标准英语语言艺术测验方面，拉丁裔学生及其同龄群组学生之间不存在显著地水平差异。

年级水平比较

ABC案例基础学校在判断拉丁裔学生的年级水平趋势时仍然不能提供足够大的样本量（例如，8~14名学生）。

将英语学习者数据移出同龄群组分析的重要性

表7.9显示的是将英语学习者的数据涵盖在内时，拉丁裔学生组及其同龄学生组成绩等级的概括情况。这些数据表明，成绩差异分析时把英语学习者的数据排除，对得到学生真正需求的情况的重要性。比较表7.7与表7.8，可以明显看出拉丁裔学生及其同龄群组的教育水平是相当的，因此应该努力提高英语学习者的水平。

表7.9　ABC案例研究学校（包含英语学习者）的拉丁裔学生组及其同龄学生组英语语言艺术标准测试汇编等级总表

分组	“精通或熟练”学生的比例	“基础”学生的比例	“低于基础或远低于基础”学生的比例
拉丁裔学生包括英语学习者	23%	35%	42%
拉丁裔同龄群组学生包括英语学习者	40%	34%	26%

基于这个信息，可以说明在拉丁裔学生及其同龄群体之间存在教学差异及成绩水平差异。这个结论不能准确地描述在ABC案例研究学校中拉丁裔学生的成绩水平，原因是没有区分精通英语和正在学习英语的拉丁裔学生特有的学习需求。在表7.9中，两组成绩在“精通或熟练”等级相差17%，在“低于基础或远低于基础”等级相差16%。

■ 男女学生对比

表7.10及表7.11显示了每个年级及总体男生及女生在基于标准英语语言艺术测试中的成绩等级。为了与同龄群组模型的数据分析方法一致，这个表格没有包含英语学习者的数据，表格中两组的数据是完全分开的，即每一个学生的数据只计数一次。

表7.10和表7.11显示了每个年级中，男生及女生的成绩等级的数量及比例。注意的是所示数据是五等级法，为了便于比较分析，经总结整理后为三等级法的表格如表7.12所示。

表7.10　基于标准的英语语言艺术：ABC案例研究学校的男生及女生的数量及比例

	男生					
	二年级	三年级	四年级	五年级	六年级	总数
精通						
数量	0	6	0	2	3	11
比例	0%	20%	0%	7%	10%	7%
熟练						
数量	14	8	14	14	6	56
比例	44%	27%	47%	47%	20%	37%
基础						
数量	5	11	9	7	13	45
比例	16%	37%	30%	23%	43%	30%
低于基础						
数量	13	4	4	0	5	26
比例	41%	13%	13%	0%	17%	17%
远低于基础						
数量	0	1	3	7	3	14
比例	0%	3%	10%	23%	10%	9%
总数						
数量	32	30	30	30	30	152
比例	100%	100%	100%	100%	100%	100%

表7.11　基于标准的英语语言艺术：ABC案例研究学校的男生及女生的数量及比例

	女生					
	二年级	三年级	四年级	五年级	六年级	总数
精通						
数量	1	3	7	3	2	16
比例	3%	10%	23%	9%	6%	10%
熟练						
数量	8	7	10	10	13	48
比例	26%	23%	33%	31%	38%	30%
基础						
数量	11	14	6	9	15	55
比例	35%	45%	20%	28%	44%	35%
低于基础						
数量	6	4	5	7	4	26
比例	19%	13%	17%	22%	12%	16%
远低于基础						
数量	5	3	2	3	0	13
比例	16%	10%	7%	9%	0%	8%
总数						
数量	31	31	30	32	34	158
比例	100%	100%	100%	100%	100%	100%

表7.12　ABC案例研究学校的男生组及女生组总体英语语言艺术标准测试汇编等级总表

分组	“精通或熟练”学生的比例	“基础”学生的比例	“低于基础或远低于基础”学生的比例
男生	44%	30%	26%
女生	41%	35%	25%

结论

男生及女生之间在基于标准的英语语言艺术标准测试方面没有教育水平差异。在三等级法中两组的差异水平在1%~5%。

年级水平比较

在每个年级中有30人或以上的男学生或女学生，因此，年级水平的比较是合适的。年级水平比较的观察结果如下：

1. 等级水平比较的年级对比显示，2年级、3年级及5年级的男生在“精通或熟练”这一等级中比例更高（较女学生多10%及以上），其差异分别是15%，14%及14%。6年级的女生在“精通及熟练”这一等级中所占比例较男学生高14%。

2. 学生年级形式的比较显示，在“低于基础或远低于基础”这一等级中，男女学生的成绩相差不多。然而，6年级的女学生只有12%在“低于基础或远低于基础”这一等级，而对应的男学生有27%。因此，6年级的总趋势显示女学生在高等级及低等级中成绩更好。

现在到你了：输入你学校的基于标准的评估数据

下面的表格是让你填写所在学校学生的成绩数据。你需要决定你的标准数据内容的等级，然后选出你想比较的人群组的匹配组。除非分析总人数（所有的等级水平之和）有30人以上，否则不要选择次群组分析。这本书的附带光盘包含了这些表格。如果你在没有使用光盘的情况下完成了计算，那么使用在光盘里**数据收集及记载文件**中第七章—空白—表7.13及表7.14。如果你使用了光盘来输入及计算你的结果，那么在**数据计算文件**下查询第七章—标准评估—ELA和数学。

■ 指导：

1. 输入统计组每个年级的五等级评分中每个等级的学生人数。请注意表7.13是确定组而表7.14是其同龄群组。

2．计算出你学校数据总数及比例，你可以使用光盘里提供的计算软件。你在光盘中填入数据，它会自动地为你计算出数值。你也可以用计算器自己计算。

表7.13 基于标准测试____：____学校的____（统计组）的____学生数量及比例

统计组：____

内容领域：____

	年级	年级	年级	年级	年级	总数
精通						
数量						
比例						
熟练						
数量						
比例						
基础						
数量						
比例						
低于基础						
数量						
比例						
远低于基础						
数量						
比例						
总数						
数量						
比例						

表7.14　基于标准测试____：____学校的____（统计组）的____学生数量及比例

统计组：____

内容领域：____

	年级	年级	年级	年级	年级	总数
精通						
数量						
比例						
熟练						
数量						
比例						
基础						
数量						
比例						
低于基础						
数量						
比例						
远低于基础						
数量						
比例						
总数						
数量						
比例						

在这些表格内输入数据后，将两组数据的成绩比例按照三等级法填入表7.15中。如果你使用的是附带光盘，那么填完信息后，数据会自动计算出来，你便可以将数据填入到表7.15。如果你没有用光盘计算，那你就可

以使用**数据收集及记载文件—第七章—表**7.15来记录分数。这个信息用来判断两组间是否存在教育水平差异，如果存在，差异程度有多大。

表7.15　____学校的____学生组及其同龄学生组总体的____标准测试汇编等级总表

分组	“精通或熟练”学生的比例	“基础”学生的比例	“低于基础或远低于基础”学生的比例
____组			
____同龄群组			

■ 使用成绩数据，聚焦学生情况问答

填写你学校数据时，要探究以下问题：

两组之间是否有显著差异？如果有，在哪个等级中存在差异？

____

差异的程度是多少？每个等级的差异一样吗？

____

当你探究年级成绩的差异时，是否发现一些明显的差异，如果有，它们之间的差异是什么样的？要记住，一些年级的学生人数较少，所以在说明的时候要谨慎。

____

从这些数据中你能得出什么结论？

____

■ 另一个数据来源：常模参照评估

常模参照性测试经常应用于部分州或学区的问责制度。在学校级别能

够取得的成绩是百分制或标准曲线等值评分（NCEs)。

判断两分组学生的教育水平差异，首先要判断学生在哪个四分位区间内。四分位区间是：

- 第一四分位区间——第1~25百分位数；
- 第二四分位区间——第26~49百分位数；
- 第三四分位区间——第50~74百分位数；
- 第四四分位区间——第75~99百分位数。

学生评分在第三至第四的四分位区间是在国家标准组内或者在其之上的，而评分在第一至第二四分位区间内是低于国家标准的。50分为常模参照性测试的平均水平。学生成绩在这四个等级所占的比例用来比较两分组数据是否存在水平差异。我们推荐使用10%作为组间是否存在教育水平差异的标准。10%的差异可以应用于每个四分位区间。如果能够获得NCEs评分，那么四分位区间的定义如下：

- 第一四分位区间——NCEs 评分1~36；
- 第二四分位区间——NCEs 评分37~49；
- 第三四分位区间——NCEs 评分50~64；
- 第四四分位区间——NCEs 评分65~99。

■ ABC案例研究学校的常模参照数据

这个案例研究的数据来源于同一所小学三年级学生的常模参照测试成绩。它包含贫困组及非贫困组学生的对比。贫困组是指参加国家学校午餐计划的学生。所使用的测试是加利福尼亚州成绩测验——阅读第6版。与同龄群组模型一致，英语学习者不包括在数据分析之内，且其数据会被单独分析，借此更准确地评估他们的需求。与其他同龄群组比较，或不同的测试领域，同样可采用这种形式来做对比。表7.16显示贫困组及非贫困同龄群组学生在每个四分位区间的比例情况。表中也列出了两组在每个四分位区间比例的差异情况。

观察表7.16可以发现，贫困组及非贫困同龄群组学生四个四分位区间的差异范围为12% ~ 15%。这些差异可视作两组间存在教育水平差异，因为每个数据都超过10%的预设标准。贫困组学生在国家平均水平之上的比例更少（第三及第四百分位区间大于第50百分位数），而低于国家平均水平的学生的比例更多（第一及第二的四分位区间），而非贫困同龄群组学生中只有23%的学生在第50百分位数之下。

表7.16　ABC案例研究学校，三年级常模参照阅读测试：贫困组及非贫困同龄亚组学生成绩的数量及比例

	三年级阅读		
	贫困组	非贫困组	差异
第四百分位区间			
数量	9	12	
比例	28%	40%	12%
第三百分位区间			
数量	7	11	
比例	22%	37%	15%
第二百分位区间			
数量	8	4	
比例	25%	13%	12%
第一百分位区间			
数量	8	3	
比例	25%	10%	15%
总数			
数量	32	30	
比例	100%	100%	

结论

在常模参照阅读测试中，贫困组及非贫困同龄群组之间存在教育水平差异。在每个四分位区间内的差异程度已标注。

现在到你了：输入你的学校的常模参照评估数据

表7.17及表7.18可用来输入你学校的学生成绩数据。你可以决定要在哪个年级的学生收集常模参照测试数据并选择你想比较的数据组的匹配组。注意：确保你所选择进行这种数据分析的数据组人数大于30人。这本书附带的光盘包含了这些表格。如果你在没有使用光盘的情况下完成了计算，那么你使用在光盘里**数据收集及记载文件－第七章－空白表**7.17及表7.18。如果你使用了光盘来输入及计算你的结果，那么使用**数据计算文件**下查询**第七章**NRT**—阅读及数学**。

■ 指导

输入统计组每个年级的四分位区间的学生人数。计算出学校数据总数及比例，你可以使用光盘里提供的计算软件。你在光盘中填入数据，它会自动地为你计算出数值。

在表7.17及表7.18内输入数据之后，合计出两统计组内的学生在四分位区间内的总比例并填入表7.19中。如果你是用的是附带的光盘，那么这些将会自动算出。如果你没有用光盘计算，那你可以使用光盘中的**数据收集及记载文件－第七章－表**7.19。这个信息用来判断两组间是否存在教育水平差异，如果存在，差异程度及规模如何。

■ 使用成绩数据，聚焦学生情况问答

你判断你的学校两组间的差异时，所用的标准是什么？ 当你填写学校数据时要探究以下问题：

两组之间是否有显著差异？如果有，在哪个等级中存在差异？

差异的程度是多少？每个区间内的差异一样吗？

当你探究年级水平成绩的差异时，是否发现一些明显的差异，如果有，它们之间的差异是什么样的？要记住一些年级的学生的人数较少，所以在说明的时候要谨慎。

从这些数据中你能得出什么结论？

表7.17　____学校，常模参照____（内容领域）测试：________（统计组）学生成绩的数量及比例

统计组：________________

内容领域：________________

	年级	年级	年级	年级	年级	总数
第75—99百分位数						
数量						
比例						
第50—74百分位数						
数量						
比例						
第26—49百分位数						
数量						
比例						
第1—25百分位数						
数量						
比例						
总数						
数量						
比例						

表7.18　____学校，常模参照____（内容领域）测试：________（同龄群组）学生成绩的数量及比例

同龄统计组：____________________

	年级	年级	年级	年级	年级	总数
第75—99百分位数						
数量						
比例						
第50—74百分位数						
数量						
比例						
第26—49百分位数						
数量						
比例						
第1—25百分位数						
数量						
比例						
总数						
数量						
比例						

版权：考文出版社，2008年版权所有。重印于《文化水平探究：由此找出并研究教育差距》（*Culturally Proficient Inquiry: A Lens for Identifying and Examining Educational Gaps*），兰德尔·B. 林赛，史蒂芬妮·M. 格雷汉姆，小克里斯·韦斯特弗，辛西娅·L. 周合著（Randall B. Lindsey, Stephanie M. Graham, R. Chris Westphal, Jr., and Cynthia L. Jew.）。千橡市，加利福尼亚州：考文出版社，网址：www.corwinpress.com。仅供购买本书的当地学校网址或非营利机构复制使用。

表7.19 ____学校____学生组及其同龄学生组总体的____常模参照测试汇编等级概表

分组	第一四分位区间	第二四分位区间	第三四分位区间	第四四分位区间
____组				
____同龄群组				

利用在本章完成的表格，你便可以归纳你的数据并在1号数据集中开始分析。请使用表7.20来总结成绩水平数据的发现。表7.20在光盘里数据收集及记载文件中第七章—表7.20。利用这个表格中组间的对比来阐述你所在学校的成绩水平差异。把第七章得到的数据输入到第八章及九章末尾的表格内，得到一个关于你所在学校学生经历的更加详细的情况。在总结表7.20并得出基于数据的结论过后，将其反映在以下部分的问题中。

■ 使用表7.20评估准则及结果，聚焦学生情况问答

在这个部分的问题来源于第六章介绍的评估准则，在这里提出这些问题，是为了帮助你认识到学生成绩与你的教育实践的相关性，这些教育实践能够影响学生的成绩。你会发现把第六章的每个衡量准则作为你要考虑的问题是很有帮助的。

在第九章的结尾，你将有机会用到自己在第七章、第八章及第九章中反映的问题，使分析中的一个或多个子系统或杠杆点具体化，并且提前了解那些成绩欠佳学生的需求。

课程及教学

使用课程及教学评估准则作为框架，检测表7.20的总结性的数据，考虑下列反思问题。我们在这一部分的末尾留下了一定的位置供你继续

回答。

- 你的学生在教室里有哪种经历？他们学习机会公平吗？
- 在学习过程中，他们是否受到鼓励在学习过程中贡献知识与意见，他们的贡献起到作用了吗？学习是否能在学生已经知道的和学生应该知道的之间建起桥梁，来缩小差距？教学方法对个体学习是促进还是阻止？
- 除了课堂上的教师，其他教育者在何种程度上意识到他们需要出面来帮助学生进步？

评估及问责

使用评估及问责准则作为框架，检测表7.20的总结数据，考虑下列反思问题。我们在这一部分的末尾留下了一定的位置供你继续回答。

- 学生及教育者如何反馈学生进步情况？
- 学生练习及修改作业的机会如何？
- 教师做出教学决定时使用哪些种数据？研究员怎样收集并使用关于学生进步及学生组间显著差异的数据？
- 研究员在何种程度上分享学生进步的信息及策略，以支持后进生群组的学习需求？

家长社区交流及延伸

使用家长及社区交流及延伸评估准则作为框架，检测表7.20的总结数据，考虑下列反思问题。我们在这一部分的结尾留下了一定的位置供你继续回答。

- 教育者在何种程度上寻找及运用学生的家庭文化的信息，来缩小在家中行为及学校期望值的差距？
- 在孩子们的学习中，研究员应该如何鼓励家长沟通及参与？

职业发展

使用职业发展评估准则作为框架，检测表7.20的总结性的数据，考虑下列反思问题。我们在这一部分的结尾留下了一定的位置供你继续回答。

- 教育者有哪些机会探讨文化与学习的联系，学习如何区分教学方法，以及将文化相关的方法融入课程中？
- 在寻找和分享信息及策略，来提高特定后进生群体的成绩，学校能够提供给教师什么样的机会？

____

____

____

____

表7.20　学校数据总结

	基于标准测验			常模参照测验			其他评估
对比组	ELA	数学	其他	ELA	数学	其他	
非洲裔学生群组&同龄群组							
拉丁裔美国学生&同龄群组							
白人&同龄群组							
贫困组&非贫困组							
男生&女生							
其他							

第八章　2号数据集——找出学生参与数据的含义

看起来这并不是要我们在已知的方面做更多，而是找出那些我们未知的（和那些我们都不知道是我们所未知的）。

——文化水平研讨参与者（2006年8月）

仔细思考

你已经收集了描述群组差异模式的成绩数据。想想你的学生，哪些课程以外的事会影响他们在学校里取得成功的能力。你认为课程以外的事会给你的学生带来什么影响？对于同样的这些事，你认为学生从他们自己的角度出发，又会怎样描述？

我们的同事及其他文化水平著作的合著者雷·特勒尔始终建议，学校的变革是“既—又”而非“应—或”的构造。他坚信由“应—或”思维导致的错误二分法既不能为教育者服务，也不能为学生服务。因为学校是一个含有许多子系统的系统，所以不应以考试作为衡量方法来了解学生的阅历。学生参与数据就是对考试的补充。将学生参与数据与考试成绩数据放在一起考虑，能为我们的学校提供一种有力的“既—又”的检测方法。

在这一章，我们会引导你考虑学生怎样通过出勤、停课和特殊需求项目识别来参与学校的学习。同样，我们鼓励你提出其他可用的参与信息来完成这项分析。在第九章，我们提供一个机会来展现专属于中学的学生参与数据。

比起单纯描述参与数据，判定各个群组在教育上的显著差异更具挑战性。我们这些著作者共同建立了评估准则，对每一个访问项目做出评判，以此来决定各个群组间是否存在差异。你应该注意的是，这些评估准则并不是固定的，且应根据当地需求做出调整。建立这些评估准则的一大挑战是要避免将其设定得太高，使你忽视了不同群组间的显著差异，但是也不能将标准设得太低，使你错误地辨别出群组间的显著差异。

在绝大多数情况下，计算学生参与数据的方法不止一种。根据我们的经验，我们选用的方法所涵盖的信息，可被学校教职员工更好地获取和使用。

我们使用同龄群组模型来分析学生参与数据，与我们在第七章中分析学生成绩数据时使用的方法基本一致。这一模型是将每个群组与学校里的同龄群组进行对比。将英文学习者作为一个单独的群组来分析，也包括学生人数在30人或以上的群组。

参与数据：学生出勤率

将学生缺席的天数与学生登记在读的天数作对比是衡量学生出勤的方法之一。用每名学生缺席的天数除以学生登记的总教学天数可以得出学生的缺席率。例如，假设一个学年是180天，一名缺席了15天的学生的缺席率就是0.083（用15/180）。也就是说这个学生缺席了一个学年8.3%的时间。

正如第七章所比较的其他项目，我们同样需要建立一个评估准则，来判定不同群组在出勤率这一项目是否存在教育显著差异。我们建议，如果两个群组在缺席率上的差异大于3%，那么两个群组间就存在教育上的显著差异。以180天为一个学年，3%相当于5.4个教学日。你也可以为你的学生选择一个不同的评估准则，如果你认为这样更恰当。例如以5.6%作评估准则，5.6%相当于缺席超过10天或损失教学天数2周。

在之前的例子中，同龄群组模型在将学生的种族，贫困状况，性别等项目与相应的同龄群组进行分析对比时，未包括英文学习者这一群组。为了更好地满足英文学习者的学术需求，应将他们的数据与非英文学习者同龄群组进行对比。

■ 某学校出勤数据案例分析

表8.1显示了ABC案例分析学校不同群组的缺席天数占2004—2005这一学年的平均百分比，并包括了各个群组及其对应的同龄群组。表内共有七列信息，以下为每一列标题的操作定义：

1. 比较群组——你选择用来作对比分析的几对群组。

2. 学生数——每个作对比的群组包括的学生数目。我们建议每个群组应包括30名或以上的学生，以获取可靠的数据。

3. 登记教学天数——每对群组包括的所有学生，在你的学校所登记的一个学年内的总教学天数。

4. 总缺席天数——每个群组中，所有学生在一个学年内缺席天数的总和。

5. 缺席率——学生缺席总天数（第4列）除以登记教学天数（第3列）。

6. 缺席率差异百分比——第五列中每对群组间缺席率的差额，即用较大的百分数减去较小的百分数。例如，在表8.1中，非洲裔美国学生的缺席率是8.8%，对应同龄群组的缺席率是5.6%，因此两个群组间的差异百分比是3.2%。

7. 是否存在教育上的显著差异？——判定每对群组间是否存在教育上的显著差异。如果在第6列中差异百分比大于3%，则存在教育上的显著差异，以“是”表示。如果差异百分比小于3%，则不存在教育上的显著差异，以“否”表示。如果你选择的评估准则不是3%，则应根据你做出的改变判定是否存在教育上的显著差异。

总结

根据已经建立的评估准则，非洲裔美国学生与其对应的同龄群组之间，在出勤方面存在教育上的显著差异。非洲裔美国学生群组缺席天数明显更多。其他各对群组间不存在教育上的显著差异。

试一试：填上你的学校各个学生群组的出勤数据

收录的表8.2可供你填上你的学生群组有关的出勤数据。如果你使用CD光盘来输入数据，你只需要输入第2列、第3列、第4列的数据。光盘的计算文件在数据计算文件夹内，文件名为“第八章—表8.2”。软件会自动帮你计算表内剩下三列的数据。如果你需要自己计算剩下三列里的数据，请参照表8.1前给出的各列标题的定义。如果你正在自己完成计算，未使用光盘，你可以使用光盘数据收集和输入文件夹里的空白表来输入数据，文件名为“第八章—8.2”。

表8.1　群组出勤数据分析，ABC案例分析学校

比较群组（1）	学生数（2）	登记教学天数（3）	总缺席天数（4）	缺席率（5）	缺席率差异百分比（6）	是否存在教育上的显著差异(大于3%)（7）
非洲裔美国学生组 同龄组	109 445	13431 61764	1186 3449	8.8% 5.6%	3.2%	是
拉丁裔学生组 同龄组	104 450	14806 60389	733 3902	5.0% 6.5%	1.5%	否
白人学生组 同龄组	299 255	40566 34629	2345 2290	5.8% 6.6%	0.8%	否
男生 女生	277 277	37216 37979	2481 2154	6.7% 5.7%	1.0%	否
贫困生组 同龄组	257 292	34364 40750	2559 2068	7.4% 5.1%	2.3%	否
英文学习者组 同龄组	161 554	24489 75195	977 4635	4.1% 6.2%	2.1%	否

表8.2　群组出勤数据分析，____学校

比较群组（1）	学生数（2）	登记教学天数（3）	总缺席天数（4）	缺席率（5）	缺席率差异百分比（6）	是否存在教育上的显著差异(大于3%)（7）
非洲裔美国学生组 同龄组						
拉丁裔学生组 同龄组						
白人学生组 同龄组						
男生 女生						
贫困生群组 同龄组						
英文学习者组 同龄组						
其他群组						

■ 使用出勤数据，开展针对学生的对话

在研究你的学校的出勤数据时，可探究以下几个问题：

你调查的群组间存在教育显著差异吗？如有，哪些群组存在出勤差距？

差异的程度分别是多少？不同的群组差异是否不同？

从数据中，你能得出哪些结论？

参与数据：学生停课

学生停课率有多种计算方法。我们选择将学生在一个学年内停课的总天数定义为学生停课率。学生停课的总天数与学生出勤的天数一样重要。因为停课天数代表了失去课堂教育和学习机会的天数。这一方法的局限之一是，对于那些停课多次或已经停课了很多天的学生，并不能很好地反映出他们带来的影响。因此，在使用这个方法之后，我们建议你再次审阅你学校里停课学生的个人数据模式，以确定这是否是一个影响因素。

停课数据同样可以显示出教育者对学生行为的差别反应。有数据显示针对学生停课的文化偏见，可能是由教育者和学生之间的文化差异导致的（2001年海湾地区学校改革合作）。

这项对比需要的数据包括你学校每个群组内的学生总数量和每个作对比的群组里，学生停课的总天数。有了这些数据，你就可以计算各个群组里每一名学生停课的平均天数。建立评估准则来判断不同群组间在停课上是否存在教育显著差异，比为其他评估计划建立评估准则更为困难，因为停课的发生率低。我们建议当一个群组的停课率是其他任意一个群组的两倍或以上，则认为存在教育上的显著差异。举例来说，如果一个群组的平均停课天数是0.25，那么另一个群组的平均停课天数必须为0.5或超过0.5，以此来表示这两个群组间在教育上存在显著差异。通过这个例子的解释，你可以调整这一评估准则，如果这样做更符合你学校的情况。

■ 某学校停课数据案例分析

某案例分析小学的学生和教育者在一个学年里因停课失去了203个教学日。表8.3分析了作对比的群组的停课天数。各列标题的操作定义如下：

1．群组——研究的群组。

2．学生数——每对比较群组包含的学生数量。记得要将英文学习者的数据进行单独分析，不要将他们归入任何其他群组。此外，每个群组须包括至少30名学生以得出可靠数据。

3．总停课天数——每个群组内所有学生停课的总天数。

4．平均停课天数——每个群组平均的停课天数。用第3列得出的总停课天数除以第2列的学生数可以得出平均停课天数。例如，非洲裔美国学生群组的总停课天数76天除以学生数107名，得出每个学生的平均停课天数为0.71天。其对应的同龄群组，用总停课天数94天除以学生数442名，得出每个学生的平均停课天数为0.21天。

5．群组间停课率——两个作对比的群组间平均停课天数的差异，即两个群组平均数值间的差异率。例如，非洲裔美国学生群组和对应的同龄群组间的停课率为3.4，说明非洲裔美国学生群组的停课频率是其同龄群组的3.4倍（0.71除以0.21）。

6．是否差异显著——用来决定作对比的群组间是否存在显著差异。

如果群组间的停课率是其中一个群组停课率的两倍或更多，则存在显著差异。如果低于两倍，则不存在显著差异。

总结

在六对作对比的群组中，有三对存在教育显著差异。非洲裔美国学生的停课频率是其同龄群组的3.4倍，男学生群组的停课频率是女学生群组的9.3倍，与拉丁裔学生群组作对比的同龄群组，其停课频率是拉丁裔学生群组的4.5倍。因此，群组间有关停课的教育上的差异情况如下表所示：

表8.3　群组停课数据分析，ABC案例分析学校

比较群组 （1）	学生数 （2）	总停课天数 （3）	平均停课天数 （4）	群组间停课率 （5）	是否差异显著(≥2倍)? （6）
非洲裔美国学生群组 同龄群组	107 442	76 94	0.71 0.21	3.4	是
拉丁裔学生群组 同龄群组	104 445	8 162	0.08 0.36	4.5	是
白人学生群组 同龄群组	296 253	80 90	0.27 0.36	1.3	否
男学生 女学生	275 274	153 17	0.56 0.06	9.3	是
贫困学生群组 同龄群组	257 292	100 70	0.39 0.24	1.6	否
英文学习者群组 同龄群组	158 549	28 170	0.18 0.31	1.7	否

- 男生和非洲裔美国学生群组的停课率比他们对应的同龄群组高。
- 拉丁裔学生群组的停课天数相比对应同龄群组明显更少。
- 男生群组的停课率是同龄女生群组的9.3倍。

轮到你了：输入你的学生停课数据

表8.4可供你决定你的学校群组的停课率。表8.4中6列标题的操作定义已在前文给出。如果你使用CD光盘输入数据，你只需输入第2列和第3列。CD光盘的计算文件位于数据计算文件夹内，文件名为"第八章—表8.4"。软件会自动帮你计算剩余表内的数据。如果你无法使用电脑，那么请根据每一列的描述计算数值。如果你需要自行输入剩余三列的内容，请参阅前文的操作定义。如果你正在完成计算而没有使用CD光盘，请使用CD光盘数据收集和输入文件夹内的空白表输入数据，文件名为"第八章—表8.4"。

■ 使用停课数据，开展针对学生的对话

在研究你学校的停课数据时，可探究以下几个问题：

你调查的群组间存在教育上的显著差异吗？如果存在，哪些群组间有停课差距？

____

____

____

____

表8.4　群组停课数据分析，________学校

比较群组（1）	学生数（2）	总停课天数（3）	平均停课天数（4）	群组间停课率（5）	是否差异显著(≥2倍)?（6）
非洲裔美国学生组同龄群组					
总数					
拉丁裔学生组同龄群组					

续表

比较群组(1)	学生数(2)	总停课天数(3)	平均停课天数(4)	群组间停课率(5)	是否差异显著(≥2倍)?(6)
总数					
白人学生组 同龄组					
总数					
男生 女生					
总数					
贫困生组 同龄群组					
总数					
英文学习者组 同龄组					
总数					

差异的程度是多少？不同的群组间差异有所不同吗？

____

____

____

____

你能从数据中得出哪些结论？

____

____

____

____

参与数据：学生特殊计划识别

在你的学校，识别学生特殊教育计划是另一项重要的数据来源。在ABC案例分析学校，我们识别出了两个特殊需求群组，残疾学生和天才学生群组。分析和理解有这两个群组参与的项目可能存在以下挑战：

- 在这两个项目中，可识别的学生人数可能很少，因此很难得出概括性结论；
- 有时这两个项目包括你那一区其他学校的学生。

如果你分析的群组基数很小，从所得数据做出概括性结论时一定要非常小心。最好的方法是，看你的项目识别显示出的模式，与在其他学术成果中，由成绩数据和参与数据显示出的模式是否相似。分析数据内和数据间的趋势，以此来反映对特殊需求学生群组的影响。使用多年的数据来分析，可以使你对识别出的趋势更有信心。群组基数小于30名学生得出的数据，可在整体分析学生参与数据时用作反馈信息，但在进行有效对比时，作用有限。

学校用来服务特殊需求群组的计划，它的一个特点是，基于多种原因，这些项目对有特殊需求的学生，在出勤界限上与对普通学生群组的要求不同。在这种情况下，包含了来自其他学校特殊需求学生的项目，可能不能代表你的学校的概况。因此需要重点注意的是，当你学校的特殊需求计划包括了相当大比例的来自一个或多个文化群组的学生时，并不能代表你学校的传统群组。

并且，因为一些学生特殊需求计划的发生率低，我们通常建立的评估准则是在两个群组间，特殊需求计划包含的学生比例至少相差两倍，以此来表示教育上的显著差异。

■ ABC案例分析学校特殊项目识别

ABC案例分析学校研究的数据包括2至6年级的学生。与其他分析一样，使用了同龄群组模型。因此，应将英文学习者的需求与英文熟练的学生分开考虑。这使得在374名学生中，有278名学生视作精通英文。第七章的表7.2提供了使用基本语言学习英文的学生总结。非洲裔美国学生（48）、拉丁裔学生（55）和白人学生（149）的群组基数大小合适，可作计算用途。

表8.5以种族和性别划分在ABC学校识别的25名残疾学生。每一个群组及其中识别的残疾学生都由实际的数字和百分比表示。6名识别为有残疾且英文口语能力有限的学生不包括在这个分析内。用识别的残疾学生数除以每个对比群组中学生的总数，可以得出残疾学生的百分比。举例来说，在非洲裔美国学生群组中，残疾学生占8.3%。这个百分比是由残疾学生数除以非洲裔美国学生总数得出的（4÷48=8.3%）。

表8.5　以人种和性别划分的残疾学生特殊计划识别

种族/群组大小	学生数	所含残疾学生数	残疾学生所占百分比	百分比相差倍数与是否差异显著（≥2倍）?（是/否）
种族				
非洲裔美国学生组	48	4	8.3%	相差倍数=1.1
同龄组	230	21	9.1%	否
拉丁裔学生组	55	2	3.6%	相差倍数=2.9
同龄组	223	23	10.3%	是
白人学生组	149	16	10.7%	相差倍数=1.5
同龄组	129	9	7.0%	否
性别				
男生	133	16	12.0%	相差倍数=1.9
女生	145	9	6.2%	否

总结

重要的模式表现为在拉丁裔学生组中，识别的残疾学生代表性不足。在拉丁裔学生组中，残疾学生所占百分比（3.6%）大大低于对应的同龄群组（10.3%）。在非洲裔美国学生群组与同龄群组间，白人学生群组与同龄群组间，或男生组与女生组间都不存在显著差异。而男女学生群组间的相差倍数十分接近评估准则。所以，对ABC学校来说，最好再次检视男女学生两个群组的数据。因为在特殊教育计划中，录取更多男学生是全国的趋势。

表8.6以种族和性别划分在ABC学校识别得天才学生（GATE）。天才学生所占的百分比由识别的天才学生数除以各个作对比的群组所含学生总数得出。例如，非洲裔美国学生群组共有学生48名，其中1名识别为天才学生，所以2.1%（1除以48）的学生为天才学生。

本表包括非洲裔美国学生组，拉丁裔学生组和白人学生组。本表代表了11名学生或4%的学生。2名识别的天才学生英文口语能力有限，不包括在分析中。

表8.6　以人种和性别划分的天才学生特殊项目识别

种族/群组大小	学生数	所含天才学生数（GATE）	天才学生（GATE）所占百分比	百分比相差倍数与是否差异显著（≥2倍）？（是/否）
种族				
非洲裔美国学生组	48	1	2.1%	相差倍数=2.0
同龄组	230	10	4.3%	是
拉丁裔学生组	55	1	1.8%	相差倍数=2.4
同龄组	223	10	4.3%	是
白人学生组	149	8	5.4%	相差倍数=2.3
同龄组	129	3	2.3%	是
性别				
男生	133	7	5.3%	相差倍数=1.9
女生	145	4	2.8%	否

总结

每对比较群组都存在教育上的显著差异，除了以性别划分的一对比较群组，然而百分比相差倍数也十分接近2倍的评估准则。识别出了较多的天才学生的群组包括：非洲裔美国学生群组（差异百分比2.0），拉丁裔学生群组（差异百分比2.4）和白人学生群组（差异百分比2.3）。这显示出某学校在教育上识别出相当小比例的非洲裔美国学生和拉丁裔学生为天才学生。

轮到你了：学生特殊计划识别

表8.7和表8.8都可供你决定你学校各群组特殊项目识别的比率。如果你使用CD光盘输入数据，你只需输入第1和第2列。软件会自动计算百分比。

光盘计算文件位于数据计算文件夹内，文件名为“第八章——表8.7和表8.8”。如果你需要自己计算剩余三列中的数据，请参照本节介绍内容中包含的描述。如果你正在完成计算而未使用光盘，请使用数据收集和输入文件夹内得空白表输入数据，文件名为“第八章——表8.7和表8.8”。

■ 使用特殊计划识别数据开展以学生为本的对话

在研究你的学校的学生特殊计划识别数据时，可探究以下几个问题：

表8.7　以人种和性别划分的残疾学生特殊计划识别

种族/群组大小	学生数	所含残疾学生数	残疾学生所占百分比	百分比相差倍数与是否差异显著（≥2倍）?（是/否）
种族				
非洲裔美国学生组				
同龄组				
拉丁裔学生组				
同龄组				
白人学生组				
同龄组				
性别				
男生				
女生				

表8.8　以人种和性别划分的天才学生特殊计划识别

种族/群组大小	学生数	所含天才学生数（GATE）	天才学生（GATE）所占百分比	百分比相差倍数与是否差异显著（≥2倍）？（是/否）
种族 非洲裔美国学生组 同龄组 拉丁裔学生组 同龄组 白人学生组 同龄组				
性别 男生 女生				

群组间是否存在教育显著差异？如果存在，哪些群组所占比例过高，哪些群组代表性不足？

差异的程度多大？不同的群组间差异有所不同吗？

你能从数据中得出哪些结论？

分析你学校的数据及总结

表8.9提供给你一个机会，来归总你在出勤、停课和学生特殊计划识别上的发现。在这个表上记录你的发现，记得要包括你在你的学校获得的其他参与数据。在CD光盘数据收集和输入文件夹内有一份空白表，文件名为“第八章——表8.9”。

重新审阅你在表8.9内输入的数据，思考教育上的显著差异及这些差异的程度。在你将数据归总到表8.9并基于数据做出总结后，根据数据反思下文中的问题。

■ 使用表8.9中的评估计划和结果，开展针对学生的对话

这一节中的问题来自第六章的评估计划。放在这里是为了帮助你建立学生结果与教育实践的关联。你相信这些教育实践对你在数据总结中归纳的学生结果有影响。当你在思考这些问题时，你可能会发现第六章的每个评估计划很有参照性。

在第九章的结尾，你会有另外一个机会使用你在第七章、第八章及第九章遇到的反思问题。他们可以帮助构造你分析中的一个或多个重要的子系统或杠杆点。这样你就能确定下一步的优先次序，更好地满足后进生的需要。

表8.9 学校数据总结

	在群组间存在显著差异吗？用是或否表示				
	出勤	停课	残疾学生	天才学生（GATE）	其他数据
比较群组					
非洲裔美国学生 同龄群组					
拉丁裔学生 同龄群组					
白人学生 同龄群组					
贫困学生 非贫困学生					
男学生 女学生					
其他群组					

课程与教学

使用课程和教学评估计划作为框架，探究表8.9的归纳性数据，思考下列反思问题。我们在这一节末尾提供了空白位置供你记录你的反思。

- 学生在课堂里有哪些经历？他们是否有优质的机会学习？其他教育

者，课堂外的老师意识并参与学生的学习进度到一个什么程度？

- 给学生提供了哪些课程选择？用了哪些策略来确定学生的学习需求？用哪些数据来确定学生的分班？
- 老师与学生间，特别是老师与后进生之间互动和关系的特征是什么？
- 老师怎样鼓励学生进行高水平的学习？他们在课堂上与课堂外为学生提供了什么样的支持，以帮助他们在分到的班级里取得成功？

评估与问责

使用评估与问责评估计划作为框架，探究表8.9的归纳性数据，思考下列反思问题。我们在这一节末尾提供了空白位置供你记录你的反思。

- 学生、家长、老师和其他教育者是怎样对学习进度提出反馈的？
- 学生有哪些机会用于实践学习内容和改正作业？老师和其他教职员工怎样使用有关学生学习进度和学生群组间重要差距的数据？
- 教育者在何种程度上，分享有关学生学习进度的信息以及满足后进生群组学习需求的策略？

家长与社区沟通及延伸

使用家长和社区沟通及延伸评估计划作为框架，探究表8.9的归纳性数据，思考下列反思问题。我们在这一节末尾提供了空白位置供你记录你的反思。

- 教育者寻求和使用有关学生家庭文化的信息到一个什么程度，来弥补学生在家的行为方式与学校的行为和学习期望之间的差距？

- 老师怎样鼓励家长交流和参与有关学生教育成功的共同期望？学校的教职员工怎样与家长和学生交流学校的期望？
- 学校教职员工怎样鼓励家长和学生积极与热情参与？
- 学校教职员工怎样与学生和家长分享有关教育和课程选择的信息？

职业发展

使用职业发展评估计划作为框架，探究表8.9的归纳性数据，思考下列反思问题。我们在这一节末尾提供了空白位置供你记录你的反思。

- 教育者有哪些机会来探讨家庭文化与对学校及课堂行为的态度之间的联系？
- 学校提供了哪些机会和资源，让教育者来寻求和分享提高特定后进生群组持续出勤率及参与度的信息和策略？

第九章　数据集2（扩充版）——找出中学参与数据的含义

越来越多的人意识到，老师与学习的整体氛围可以给年轻人的生活与未来带来巨大改变。

——索尼娅·涅托（2004，第274页）

仔细思考

在第八章中你已经收集并分析了有关出勤、停学与特殊需求指定的群组参与数据。现在，请你想想你教的中学生，与其他会影响他们在学校里取得成功的非课程事项。你认为这些非课程事项会给你的学生带来什么影响？你认为你的学生又会怎样从他们自己的角度出发，形容这些事项。

____

____

____

____

高中参与信息

我们将ABC案例分析学校学生所上的当地高中作为样本，收集独属中学的学生参与信息。这间案例分析高中大约有900名学生。其参与信息包括学生的平均绩点（GPAs），高中毕业所修总学分，荣誉高中课程与大学先修课程录取情况以及10年级学生参加加利福尼亚州高中毕业考试的通过率。通过州高中毕业考试已成为全国公认的高中毕业要求，作者在此强烈鼓励你考虑其他可从你所在高中获取的参与信息，包括毕业率、辍学率、课外项目参加率、学生自治会参加率以及大学与职业学校录取率。

■ 平均绩点

平均绩点（GPA）是用来评价学生在高中表现的一种学术测量方式。它在不同的老师及学校间差别很大。相应地，不应将这种测量方式视为绝对值，因为在一间学校或学区内，分配绩点的方式各有不同。平均绩点一般以四分制计算，如下所示：

4.0——字母等级A

3.0——字母等级B

2.0——字母等级C

1.0——字母等级D

1.0以下——字母等级F

建立一个评判标准，决定用什么来代表同龄群组平均绩点间的教育显著差异，是一个主观判断。半个绩点或0.5分的平均绩点差异是这种四分制测量方式一个可能的评判标准。它可以代表字母等级间的差异（如2.5与3.0之间的字母等级差异）。我们将这种差异作为评判标准，决定在群组间是否存在教育显著差异。对于你所在的学校或学区，你可能希望建立一个不同的评判标准。

平均绩点由一间高中的所有学生按不同年级水平计算得出。年级水平数据可能会呈现不同的模式，这对你的学校可能具有指导意义。当你对比不同的年级时，必须考虑在高年级中，是否存在由辍学或其他因素导致的学生入学人数下降。

表9.1显示了ABC案例分析高中不同群组的整体平均绩点。这些平均数来自于9至12年级的所有学生。另外，这个表显示了不同群组平均绩点间的差异以及这些差异是否符合0.5分的评判标准，来决定教育显著差异是否存在。

表9.1　ABC案例分析高中群组间的整体平均绩点

种族	学生数	整体平均绩点	群组间平均绩点差异	是否存在教育显著差异（≥0.5）?是/否
种族				
非洲裔美国学生组	99	2.19	0.35	否
同龄组	612	2.54		
拉丁裔学生组	102	2.36	0.15	否
同龄组	609	2.51		
白人学生组	463	2.56	0.21	否
同龄组	248	2.35		
性别				
男生	375	2.30	0.40	否
女生	336	2.70		
英文学习者				
英文语言学习学生组	200	2.43	0.06	否
同龄组	711	2.49		

总结

表9.1的数据表明任何两个群组间在平均绩点上都不存在教育显著差异，这意味着这所高中所有群组在课业上的成绩水平相似。

表9.2显示了ABC案例分析高中不同年级水平下各群组的整体平均绩点。表格注明了群组间是否存在教育显著差异（0.5个平均绩点），并在括号里标明了具体相差的绩点数。表格对存在差异的部分进行了重点标注，以便于参考。

总结

表9.2的数据表明在11年级与12年级的非洲裔美国学生组及同龄组之间存在教育显著差异，而其他群组不同年级的整体平均绩点间则不存在教育显著差异。

整体平均绩点的局限之一是没有考虑到学生所上课程的严格程度。举例来说，上大学预备课程的学生，相比没上这些课程的学生，他们的平均绩点会基于一个更严格的标准得出。因此，你会发现有必要研究那些上具体课程（大学要求课程）的学生的平均绩点在不同群组间的差异。研究上具体课程的各群组学生的平均绩点，对更加严格的课程的学生录取工作来说，也是一种有价值的方式。

表9.2　ABC案例分析高中不同年级水平群组间的平均绩点

群组	九年级	十年级	十一年级	十二年级
非洲裔美国学生组	2.12	2.34	2.06	2.21
同龄组	2.34	2.49	2.60	2.73
显著差异≥0.5？是/否（平均绩点差异）	否（0.22）	否（0.15）	是（0.54）	是（0.52）
拉丁裔学生组	2.19	2.29	2.47	2.61
同龄组	2.32	2.51	2.54	2.70
显著差异≥0.5？是/否（平均绩点差异）	否（0.13）	否（0.22）	否（0.07）	否（0.09）
白人学生组	2.37	2.54	2.61	2.73
同龄组	2.19	2.36	2.35	2.59
显著差异≥0.5？是/否（平均绩点差异）	否（0.18）	否（0.18）	否（0.26）	否（0.14）
男生	2.13	2.24	2.33	2.55
女生	2.54	2.67	2.77	2.83
显著差异≥0.5？是/否（平均绩点差异）	否（0.41）	否（0.43）	否（0.44）	否（0.28）
英文学习者组	2.37	2.37	2.44	2.54
同龄组	2.30	2.47	2.53	2.69
显著差异≥0.5？是/否（平均绩点差异）	否（0.07）	否（0.10）	否（0.09）	否（0.15）

轮到你了：学生平均绩点

表9.3可以帮助你确定你的学校各群组的整体平均绩点。表9.4反映出不同年级水平间的差异。如果你使用附带的CD光盘，你只需要在表9.3内

输入学生数与平均绩点数据，在表9.4内输入各年级水平的平均绩点数据。软件会自动计算出各种族与各年级群组间的平均绩点差。这个软件包含在数据计算文件夹内，文件名为“第九章——表9.3与表9.4”。在数据收集与输入文件夹内，有相应的空白表，文件名为“第九章——表9.3与表9.4”。

■ 使用学生平均绩点数据，开展针对学生的对话

在研究你的学生平均绩点数据时，可探究以下几个问题：

你调查的群组间存在教育显著差异吗？如存在，哪些群组所占比例偏高或代表性不足？

表9.3 群组间的整体平均绩点

种族	学生数	整体平均绩点	群组间平均绩点差异	是否存在教育显著差异（≥0.5）？ 是/否
种族 非洲裔美国学生组 同龄组 拉丁裔学生组 同龄组 白人学生组 同龄组				
性别 男生 女生				
英文学习者 英文语言学习 学生组 同龄组				

差异的程度是多少？不同群组间差异不同吗？

从数据中你可以得出哪些结论？

表9.4　不同年级水平群组间的平均绩点

群组	九年级	十年级	十一年级	十二年级
非洲裔美国学生组				
同龄组				
显著差异≥0.5？是/否（平均绩点差异）				
拉丁裔学生组				
同龄组				
显著差异≥0.5？是/否（平均绩点差异）				
白人学生组				
同龄组				
显著差异≥0.5？是/否（平均绩点差异）				
男生				

续表

群组	九年级	十年级	十一年级	十二年级
女生				
显著差异≥0.5？是/否 (平均绩点差异)				
英文学习者组				
同龄组				
显著差异≥0.5？是/否 (平均绩点差异)				

■ 高中毕业所修总学分

学生高中毕业前所修的总学分是判断学生是否可以按计划获得高中毕业证书的一项重要预测指标。每个年级要修的学分数取决于每所高中的毕业要求。在ABC案例分析高中每个学生要求修满220个学分。因此为了能按计划毕业，一个学年结束后，一年级学生要修满55个学分，二年级学生110个学分，三年级学生165个学分，四年级学生220个学分。如果你的高中有不同的毕业要求，请相应调整每部分的学分数。

我们决定九年级、十年级、十一年级预期发展的评判标准分别为1年级学生落后一门课（5学分），二年级学生落后两门课（10学分），三年级学生落后三门课（15学分）。因此，评判标准为一年级学生修满50学分，二年级学生100学分，三年级学生150学分。群体间的差异以这一标准来测量。是否存在教育显著差异则由各群组是否符合这一评判标准来决定。

表9.5显示了不同年级水平各群组所修的平均学分数。

总结

表9.5的数据表明一些群组的学生没有修满足够的学分以按计划毕业。

非洲裔美国学生、拉丁裔学生与男生在9年级时根据评判标准落后了相应同龄组一门课。非洲裔美国学生在11年级时根据评判标准落后了同龄组三门课。其他所有群组在每个年级都符合评判标准的要求。

令人鼓舞的消息是，列举的四个不符合评判标准要求的情况，显示的平均学分数与标准的差距非常小。对ABC案例分析高中的教职员工来说，要实施项目调整以应对这些情况十分容易。

表9.5　ABC案例分析高中不同年级水平各群组所修学分

群组	九年级≥50学分	十年级≥100学分	十一年级≥150学分	是否符合各年级评判标准?
非洲裔美国学生组	49.8	112.7	147.5	九年级、十一年级低于标准
同龄组	52.4	110.6	176.2	各年级全符合
拉丁裔学生组	49.2	106.6	176.1	九年级低于标准
同龄组	52.4	111.9	172.2	各年级全符合
白人学生组	53.0	111.6	175.6	各年级全符合
同龄组	50.2	110.0	166.2	各年级全符合
男生	49.2	104.8	166.7	九年级低于标准
女生	55.6	116.4	179.6	各年级全符合
英文学习者组	53.3	93.6	132.6	十年级、十一年级低于标准
同龄组	51.9	110.9	172.6	各年级全符合

轮到你了：平均所修学分

表9.6可以帮你决定你学校各群组平均所修学分。因为这是直接将每个年级各群组平均所修学分与评判标准对比，所以不需要用到CD光盘所含的计算软件。你可以记录下各群组平均所修学分。在CD光盘数据收集与输入文件夹内有空白表，文件名为“第九章——表9.6”。

■ 使用高中所修学分数据，开展针对学生的对话

在研究各年级平均所修学分数据时，可探讨以下几个问题：

群组间是否存在教育显著差异？如存在，哪些群组所占比例偏高或代表性不足？

差异的程度是多少？不用群组间差异不同吗？

表9.6 不同年级水平各群组所修学分

群组	九年级≥50学分	十年级≥100学分	十一年级≥150学分	是否符合各年级评判标准?
非洲裔美国学生组				
同龄组				
拉丁裔学生组				
同龄组				
白人学生组				
同龄组				
男生				
女生				
英文学习者组				
同龄组				

从数据中你可以得出哪些结论？

____

____

____

____

■ 先修课程注册情况

学生参与高中的另一方面是荣誉高中课程与大学先修课程的录取情况。各学院与大学十分看重这些课程。我们建立的用来判断是否存在教育显著差异的评判标准，作对比的一个群体录取到这些课程的学生百分比至少是另一群体的两倍。例如，一个群体内有5%的学生录入了荣誉高中课程与大学先修课程，而另一个群体有10%，则认为这两个群体间存在教育显著差异，因为10%是5%的两倍。

表9.7显示了ABC案例分析高中各群组录取到荣誉高中课程的学生百分比，表9.8显示了该高中各群组录取到大学先修课程的学生百分比。每个表中个群组间百分比的差别都标明了其中是否存在教育显著差异（例如差别在两倍或更多时代表了什么）。

表9.7与表9.8的数据表现的模式都与ABC案例分析高中的教育者有关。英文学习者组在高中荣誉课程与大学先修课程上都是唯一代表性不足的组。在荣誉高中课程上，对应的同龄组的录取率是英文学习者组的27.6倍。在大学先修课程上，同龄组的录取率是其的15.4倍。所有群组在大学先修课程上的录取率都比对应的同龄组低，男生组与对应的女生组除外。

表9.7　ABC案例分析高中各群组荣誉高中课程录取率

群组	录取率	录取率差别倍数	是否存在教育显著差异（≥2倍）?
非洲裔美国学生组 同龄组	11.1% 14.2%	1.3倍	否
拉丁裔学生组 同龄组	11.2% 14.8%	1.3倍	否
白人学生组 同龄组	14.9% 11.7%	1.3倍	否
男生 女生	9.9% 18.2%	1.8倍	否
英文学习者组 同龄组	0.5% 13.8%	27.6倍	是

表9.8　ABC案例分析高中各群组大学先修课程录取率

群组	录取率	录取率差别倍数	是否存在教育显著差异（≥2倍）?
非洲裔美国学生组 同龄组	2.0% 8.7%	4.4倍	是
拉丁裔学生组 同龄组	8.7% 2.0%	4.4倍	是
白人学生组 同龄组	10.4% 2.8%	3.7倍	是
男生 女生	6.9% 8.6%	1.2倍	否
英文学习者组 同龄组	0.5% 7.7%	15.4倍	是

轮到你了：先修课程录取

表9.9与表9.10帮助你检视你学校各群组在荣誉高中课程与大学先修课程上的录取情况。如果你在提供的CD光盘上输入各群组的录取率（数据计算文件夹：第九章——表9.9与表9.10），软件会自动计算两组间录取率的

差别倍数。在CD光盘数据收集与输入文件夹内同样有相应的空白表，文件名为“第九章——表9.9与表9.10”。

表9.9　各群组荣誉高中课程录取率

群组	录取率	录取率差别倍数	是否存在教育显著差异（≥2倍）?
非洲裔美国学生组 同龄组			
拉丁裔学生组 同龄组			
白人学生组 同龄组			
男生 女生			
英文学习者组 同龄组			

表9.10　各群组大学先修课程录取率

群组	录取率	录取率差别倍数	是否存在教育显著差异(≥2倍)?
非洲裔美国学生组 同龄组			
拉丁裔学生组 同龄组			
白人学生组 同龄组			
男生 女生			
英文学习者组 同龄组			

■ 使用先修课程录取数据，开展针对学生的对话

在研究学生高中荣誉课程与大学先修课程录取数据时，可以探讨以下几个问题：

群组间是否存在教育显著差异？如存在，哪些群组所占比例偏高或代表性不足？

____

____

____

____

差异的程度是多少？不用群组间差异不同吗？

____

____

____

____

从数据中你可以得出哪些结论？

____

____

____

____

■ 高中毕业考试——十年级结果

ABC案例分析学校的毕业要求之一是通过加利福尼亚州高中毕业考试。所有学生都要参加这场在十年级举办的考试，它主要考查英语语言艺术与数学。十年级学生的通过率可以预测他们能否完成接下来的高中课程要求。我们定义，如果群组间的通过率差别在20%或以上，则存在教育显著差异。可根据你学校的情况调整更恰当的评判标准。

ABC案例分析高中的学生如果在十年级时没有通过英语语言艺术与数学两项考试中的任一项，需要在十一年级与十二年级时进行补考。这次分析选取了十年级的考试结果数据，因为它包括了所有学生，且分析结果可以为以后确定十一年级与十二年级的教育干预提供信息。

表9.11的数据表明了个群组学生通过毕业考试的百分比，通过毕业考试包括取得英语语言艺术与数学两项考试的合格成绩。

总结

表9.11的数据表明非洲裔美国学生组及英文学习者组与他们的同龄组间，在十年级高中毕业考试的通过率上存在教育显著差异。两组的通过率都比同龄组低。

表9.11　ABC案例分析高中10年级高中毕业考试通过率

群组	通过率	通过率相差百分比	是否存在教育显著差异（≥20%）?
非洲裔美国学生组 同龄组	25.0% 62.8%	37.8%	是
拉丁裔学生组 同龄组	62.5% 57.2%	5.0%	否
白人学生组 同龄组	63.2% 47.1%	16.1%	否
男生 女生	53.5% 63.4%	10.0%	否
英文学习者组 同龄组	6.5% 58.0%	51.5%	是

轮到你了：十年级高中毕业考试通过率

表9.12帮助你检视你所在高中毕业考试的通过率。如果你在附带CD光盘（数据计算文件夹：第九章—表9.12）上输入各群组的通过率，软件会自动计算群组间通过率的相差值。光盘数据收集与输入文件夹内同样有空白表，文件名为“第九章—表9.12”。

表9.12　十年级毕业考试通过率

群组	通过率	通过率相差百分比	是否存在教育显著差异（≥20%）?
非洲裔美国学生组 同龄组			
拉丁裔学生组 同龄组			
白人学生组 同龄组			
男生 女生			
英文学习者组 同龄组			

■ 针对学生的对话：十年级学生高中毕业考试通过率

在研究学生高中毕业考试通过率是，可以探讨以下几个问题：

群组间是否存在教育显著差异？如存在，哪些群组所占比例偏高或代表性不足？

差异的程度是多少？不用群组间差异不同吗？

从数据中你可以得出哪些结论？

使用你在这一章中完成的表格，你可以总结与分析学生的高中参与数据。我们鼓励你将这些参与数据与你调查的成绩数据（表7.20）放在一起重新审阅，以总结你所在学校学生的成绩模式。表9.13可供你输入你在一系列参与数据中发现的结果。你可在附带的CD光盘数据收集与输入文件夹内找到这份表，文件名为“第九章—表9.13”。

表9.13　学校数据总结

	在群组间存在显著差异吗？用是或否表示								
	出勤	停学	残疾学生	天才学生（GATE）	高中平均绩点	高中所修学分	荣誉高中课程录取率	大学先修课程录取率	高中毕业考试
比较群体									
非洲裔美国学生组同龄组									

续表

	在群组间存在显著差异吗？用是或否表示								
	出勤	停学	残疾学生	天才学生（GATE）	高中平均绩点	高中所修学分	荣誉高中课程录取率	大学先修课程录取率	高中毕业考试
拉丁裔学生组 同龄组									
白人学生组 同龄组									
贫困学生组 非贫困学生组									
男生 女生									
其他群组									

分析你的学校数据与总结

重新审阅你在表9.13中输入的数据。你对你学校的参与差距问题可作出什么总结？考虑教育显著差异与差异的程度。在用表9.13归总了你的发现后，记录下你基于数据的总结。最后，思考下列反思问题。

■ 使用表9.13中的评估准则与结果，开展针对学生的对话

正如第七章与第八章所讲，这一节中的问题来自第六章的评估准则。放在这里是为了帮助你建立学生结果与教育实践的关联。你相信这些教育实践对你在数据总结中归纳的学生结果有影响。当你在思考这些问题时，你可能会发现第六章的每个评估准则很有参照性。

课程与教学

使用课程与教学评估准则作为框架，探究表9.13的归纳数据，思考下列反思问题。我们在这一节末尾提供了空白位置供你记录你的反思。

- 学生在课堂里有哪些经历？他们是否有优质的机会学习？
- 其他教育者，课堂外的老师意识到并参与支持学生的学习进度到一个什么程度？
- 学生有哪些课程可供选择？
- 用哪些策略来确定学生的学习需求？用哪些数据来确定学生的分班？
- 教育者怎样鼓励学生进行高水平的学习？他们在课堂上与课堂外为学生提供了什么样的支持，以帮助他们在分到的班级里取得成功？在促进课业完成，高中毕业与获得毕业后机会的重要教育基准测试中取得进步？

评估与问责

使用评估与问责评估准则作为框架，探究表9.13的归纳数据，思考下列反思问题。我们在这一节末尾提供了空白位置供你记录你的反思。

- 是否提供给了学生及时、有建设性与启发性的反馈，来确保他们完成毕业所需的学分与课程？或确保他们向毕业后的机会成功过渡？

- 学生有哪些机会修改作业？有哪些机会在参与可能会带来不可挽回的负面教育后果的高风险考试前，实践与深化他们要在考试中展现的知识？
- 教育者怎样收集与使用关于学生学习进度与群组间重大差距的数据？
- 教育者在何种程度上分享有关学生学习进度的信息以及满足后进生群体学习需求的策略？教育者在多大程度上作出重要与及时的干预，来确保学生学习进度与课业完成？
- 学生、教育者、家长及社区、学区成员是怎样对学生学习进度提出反馈的？

家长与社区学区沟通及延伸

使用家长与社区学区沟通及延伸评估准则作为框架，探究表9.13的归纳数据，思考下列反思问题。我们在这一节末尾提供了空白位置供你记录你的反思。

- 教育者在何种程度上寻求与使用有关学生家庭文化的信息，来弥补学生在家庭的行为方式与学校的行为与学习期望之间的差距？
- 教育者怎样鼓励家长交流与参与有关学生教育成功的共同期望？学校的教职员工是否通过积极与热情的方式邀请家长与学生参与？
- 学校教职员工怎样与学生和家长分享有关教育要求、课程选择、学习进度以及干预的信息，以确保学生成功符合教育需求，并将毕业后的机会最大化？

职业发展

使用职业发展评估准则作为框架，探究表9.13的归纳数据，思考下列反思问题。我们在这一节末尾提供了空白位置供你记录你的反思。

- 教育者有哪些机会来探讨家庭文化与对学校及课堂行为的态度之间的联系？
- 学校提供了哪些机会与资源，让老师来寻求与分享提高特定后进生群体持续出勤，参与成功机会的信息和策略？

以这种方式来使用这些评估准则，对你理解所在学校差距的性质十分重要。对你关于学校成人间对话的疑问也很重要，这也是下一章的话题。

现在你有一个机会来使用你在第七章、第八章、第九章遇到的反思问题，构造你分析中的一个或多个重要的子系统或杠杆支点。这样你就能确定下一步的优先次序，更好地满足学生的需要，转变对后进生的认知，将他们视作未接受到良好教育服务的学生。第八章和第九章的数据反映的学生结果可能会受一些情况影响，你现在可能已经在很好地研究你的数据与这些影响之间的联系。

当你与你的同事一起分享你们对第七章、第八章与第九章末尾这些反馈问题的回答时，注意看其中呈现的模式。使用在这几章中对各评估准则的分析，看看你的大多数回答落在评估准则的哪一侧单元格上，这些单元格都是用来描述并归纳你的发现。你能看到怎样的模式？

- 你的发现更倾向于评估准则以左，描述集中于将学生视作一个问题？
- 你的发现更倾向于评估准则以右，描述集中于教育者的实践？
- 是否有一个评估准则比另一个更有助你制定工作目标？
- 在哪个评估准则内你看到了巨大的机会来改变你的系统，以缩小与弥补某个群组的差距?

- 第七章、第八章、第九章的进程对你决定接下来的步骤有怎样的启示?你可能会立刻进行的下一步是?

第十章　3号数据集——教育工作者对学生的讨论简述

我认为心神合一很重要。

——安吉拉·卢克（2006）

仔细思考

想想过去的两年里，学校里你的同事们描述学生的时候。你一定听到一些评价，对吧？在下面的空白处，记下你听到的正面及负面评论。列出这些评论之后，记下你读完这些评价后的反应。

____

____

____

____

在第七章、第八章及第九章，你收集并分析了学生成绩及评估数据。在这一章，你将要收集你和同事间关于学生讨论的相关数据。运用第六章的思想准则，每个教学差距调查研究组的成员都有机会参与到评估学生对话的过程中。对关于你学校的学生就课程与教学、评估与问责、家长社区交流及延伸以及职业发展的谈话，调查组的成员必须谨慎而公正地评价谈话者的语气。对你学校里表现欠佳的学生，这些准则用来归纳教育人员谈话的主流意见并揭示假设。在这一章节收集的数据，是用连续统一体及必要元素组成的文件形式。

教育人员讨论简述

每个简述采用文化水平连续统一体与文化水平素质的五个必要元素（例如：课程与教学、评估与问责、家长社区交流及延伸以及职业发展）的交叉点，用图表形式来阐述教育人员对本校中被定义为表现欠佳学生正式或非正式的讨论。五个必要元素中每个要素的简述可以应用准则中素质及水平的发展政策和实践标准（评估文化知识、尊重多元化、驾驭差异动态、适应多元化以及文化知识制度化）。

■ 描述学校的讨论

准备阶段。我们建议在你自我研讨调查之前，先收集以下材料及决策：

1. 决定促进调查自我研究评估的人选。引导者负责引导每个准则的讨论，其中包括五种要素中每一种行动的进展，跨越其连续体，以文化破坏性为开篇直到文化精通。

2. 提供给每个参与者影印版的评估准则（即，课程与教学、评估与问责、家长社区交流及延伸以及职业发展）。准则详情请参照第六章，附带的光盘也可供你下载及复印。

3. 提供给每个参与者点状贴纸（在任何文具用品商店里都能低价买到）。每个参与者每个准则对应五个点状贴纸。

4. 提供四个大表格（大概“24×36”）对应表示每个评估准则。每个准则都包含在这本书附带的光盘里并对应表10.1到表10.4。将这些表格张贴在屋子里，让成员们能够查阅并参与。

每条评估准则包括文化水平的必要元素的五行及文化水平连续体的六列。每个表格中，第一列的标题是“必要元素”，其他六列的标题是文化水平连续体的六个点。当你的教学差距调查团队中专业进展会议的引导者在运用准则时，你可以收集关于你所在学校中被认为是表现不佳学生的讨论数据。每个准则都要重复下列步骤，直到你的教学差距调查团队（以下简称为调查团队）完成了每个准则。

- 步骤一
  - 将调查团队成员的注意力集中在四个准则中的其中一个上。要求成员们阅读每个要素中文化水平连续体的行为描述（例如，评估文化知识），并决定连续体于哪个水平（即破坏文化、文化资质不足、文化盲从、不具备文化能力、具备文化能力、文化精通）更好地描述了学校后进生或是需要区别对待的学生的讨论语气。
  - 调查组员之间不得相互讨论决策，防止他们在判断中掺杂了个人意见及经验。
- 步骤二　邀请调查组员来为剩下的四个必要元素做评判（即尊重多元化、驾驭差异动态、适应多元化以及文化知识制度化）。
- 步骤三　使用张贴在室内的表10.1的模板，让调查组成员将点状贴纸放在名为“课程与教学准则附表”下。
- 步骤四　重复步骤1~3完成表10.2“评估及问责评估准则附表”。
- 步骤五　重复步骤1~3完成表10.3“父母社区交流及延伸评估准则附表”。
- 步骤六　重复步骤1~3完成表10.4“专业进展评估准则附表”。

现在，你对调查组成员就四条评估准则判断学生的讨论有了简要了解。让调查组成员将他们的点状贴纸贴于对应的四项准则下，你和所有成员便有了共同的视觉资料。你也可以将这些附表输入这本书所带的光盘中，并将准则的影印版资料整理出来。这些信息为你对有关学生及家庭社区资料的认知及假设的讨论打下基础。

收集并分析调查数据

在信息录入光盘之前，张贴在房间里的表10.1至表10.4的大表格能更好地记录参与者的比例。你将会注意到每个准则对应一个支点：课程与教学、评估与问责、家长社区交流及延伸以及职业发展。为了分析数据，在每条准则中每个单元内对参与者反应进行计数，参与者反应用点状贴纸表示。你可以在本书附带的光盘内填入调查结果，它能够自动生成报告。如上文所说，这些附表能够输入到第十章下的“计算文档指导——表10.1至表10.4”。

表10.1 课程及指导准则附表

必要元素	在每列记录每种反应的数量					
	破坏文化	文化资质不足	文化盲从	具备文化能力之前	具备文化能力	文化精通
评估						
尊重						
管理						
适应						
制度化						

表10.2 评估及问责评估准则附表

必要元素	在每列记录每种反应的数量					
	破坏文化	文化资质不足	文化盲从	具备文化能力之前	具备文化能力	文化精通
评估						
尊重						
管理						
适应						
制度化						

表10.3　父母社区交流及延伸评估准则附表

必要元素	在每列记录每种反应的数量					
	破坏文化	文化资质不足	文化盲从	具备文化能力之前	具备文化能力	文化精通
评估						
尊重						
管理						
适应						
制度化						

表10.4　专业进展评估准则附表

必要元素	在每列记录每种反应的数量					
	破坏文化	文化资质不足	文化盲从	具备文化能力之前	具备文化能力	文化精通
评估						
尊重						
管理						
适应						
制度化						

■ ABC案例研究学校教育人员讨论简述

表10.5是ABC案例研究学校运用家长社区交流及延伸评估准则完成的表10.3的图表形式。在你填完光盘中你学校的附表后，也能获得一样形式的图表并能将这些可视化的信息与员工及同事分享。每条评估准则的表格位于光盘中计算文件夹“第十章——表10.5a至表10.5d”。

表10.5 ABC基础案例研究学校（n=28调查团队成员反应）的家长社区交流及延伸报告

五个必要元素	文化水平连续体——连续分级
评估文化知识——社区参与促进文化认同的进展及分享文化知识的程度	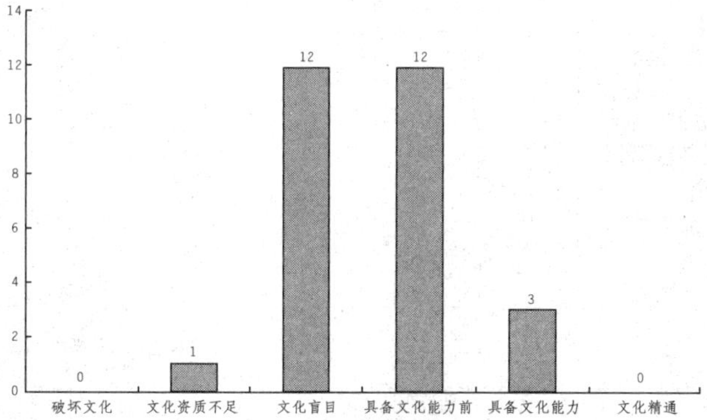
尊重多元化——家长和社区尊重及输入多样性的程度	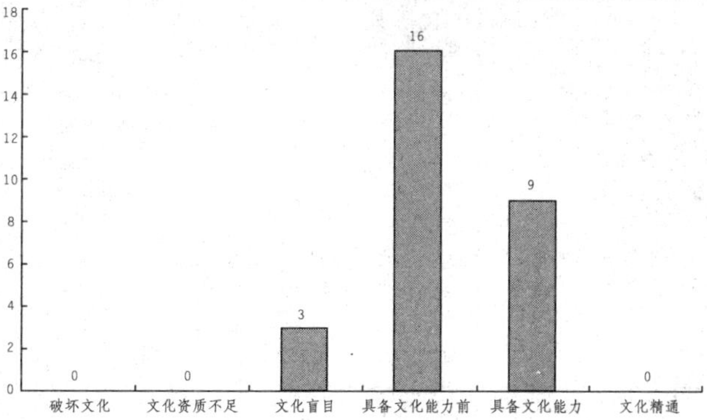
驾驭差异动态——家长、社区及员工促进和支持多重观点及消除不同家长、社区群体及学校间文化冲突的程度	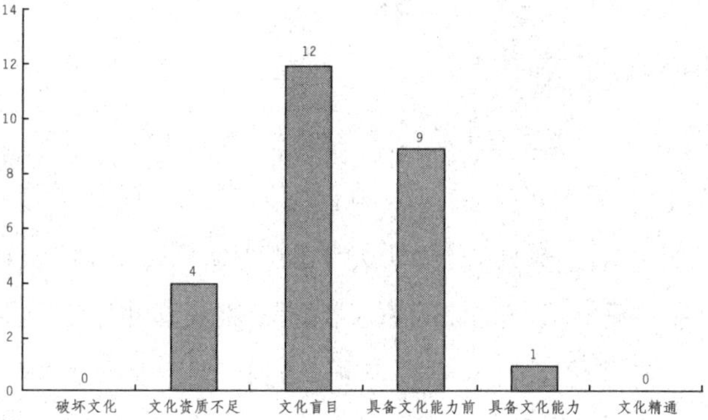

续表

<table>
<tr><th>五个必要元素</th><th>文化水平连续体——连续分级</th></tr>
<tr><td>适应多元化——数据改变评估实践在内的实践的程度，以满足多元文化群组需要，缩小学习及成绩差距</td><td>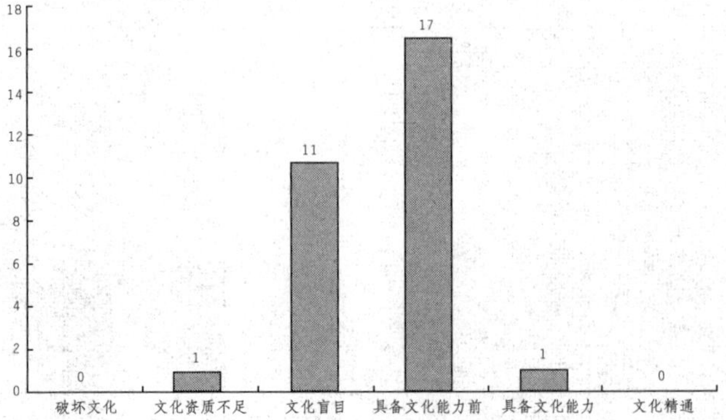</td></tr>
<tr><td>文化知识制度化——家长、社区及员工角色换位，培养、支持及促进不同群体不同需求的价值观及方法</td><td>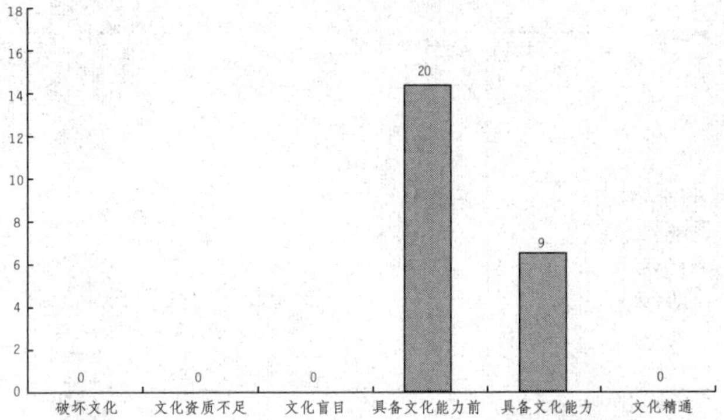</td></tr>
</table>

■ 解释调查结果

由表10.1到表10.4表示的频数表及表10.5a至表10.5d所示的对应图，是调查过程中重要的步骤，因为它们为成年人提供了如何评价学生的大致信息。和你一样，ABC案例研究学校收集了表10.1至表10.4的数据。表10.5，"ABC基础案例研究学校的家长社区交流及延伸报告"揭示了两个信息：

1．它阐述了当考虑到家长、社区交流及延伸时，文化水平连续体与文化能力的五个必要元素的交叉点。例如，当调查团队成员描述到尊重多元化、驾驭差异动态、文化知识制度化相关的行为例子时，教育人员认为在关于家长及社区交流延伸方面的主要实践处于"具有文化能力前"状态。

2. 它阐释了在你学校中关于后进生正式及非正式的讨论情况。例如，调查团队成员在描述教育人员关于家长社区交流及延伸的例子时，会认为在连续体上处于“文化盲从或具有文化能力前”的状态，而达不到我们所期望的“具备文化能力”的水平。

■ 用连续体定位ABC学校

为了便于解释，我们采用ABC案例研究学校的家长社区交流及延伸规则的数据。表10.6归纳了调查团队成员在表10.3的应答情况，并确认了学校在文化水平连续体中每个要素的当前状况。光盘里“数据收集及表格输入——第十章——表10.6”中附有空白表格，供你归纳你的调查组数据。

表10.6 ABC案例研究学校（n=28调查团队成员应答情况）父母社区交流及延伸

基本技能	连续体的当前情况	相应级别的数量
评估文化知识	文化盲从和 具备文化能力之前	12 12
尊重多元化	具备文化能力之前	16
驾驭差异动态	文化盲从	13
适应多元化	具备文化能力之前	16
文化知识制度化	具备文化能力之前	20

表10.6表明，当考虑到三个必要元素——尊重多元化、适应多元化及文化知识制度化时，调查团队成员将ABC案例研究学校评定为连续体评价中“具备文化能力之前”的水平。有趣的是，当考虑到评估文化知识及驾驭差异动态这两个必要元素时，调查团队成员将后进生评定为“文化盲从”，而不是“未受到良好教育”或“需要区别对待”的学生。在家长社区交流及延伸评估准则这一领域中，如果要制订进一步的提升计划，调查团队会在“具备文化能力”的描述中获得启发。

表10.1至表10.4中每个必要元素的数值计数及图表，是方便探讨的开端。在真正的对话方式中，我们的目的不是取得一致，而是了解学校人员

的主流反应意味着什么。当讨论趋向于连续体评价的左边，主流评价显示的是多样化的耐受性。如果讨论的方向趋向于右边，既反映出教育人员在学生生活中的转换作用，而且表示他们在实际中做出了满足学生需求的改变。对话研讨的目的是促进对连续体评价的深入理解，尤其是关系到文化水平五个必要元素与四个评估准则的时候。在你的学校，各个评估准则的简述可用来发展与实施策略，借此继续完善学校的政策及实践，令教育者尊重并奉行，发挥以下的功能：

- 评估文化知识，
- 尊重多元化，
- 驾驭差异动态，
- 适应多元化，
- 文化知识制度化。

■ 在连续体上移动

表10.7代表了ABC案例研究学校关于家长社区的杠杆点，并描述了根据连续体评价的下一级别。例如，表10.7显示调查研究团队在判断教育人员在某个必要元素框架内讨论未受到良好教育服务的学生时的反应，例如，评估文化知识这项便处于连续体评价的文化盲从水平。光盘里在“数据收集及表格输入——第十章”有空白的表10.7供你填写你学校的数据。

表10.7　ABC案例研究学校家长社区沟通及延伸至当前的文化水平与下一个文化水平

必要元素	目前的水平等级	目标水平等级
评估文化知识	文化盲从 促进及帮助父母、社区及学校领导人，会议议程及方案中没有意识到不同文化群体的需求	具备文化能力之前 意识到了解相互文化、家长、社区的重要性，学校领导人也许会获得不真实性消息或了解渠道受到局限
尊重多元化	具备文化能力之前 意识到需要积极参与到文化多元性社区中，工作人员及其他社区成员在吸收建议时有所征集，但并没有将这些反馈融入到重大决策之中	具备文化能力 在作出有关一些能满足所有学生需要的项目或服务的决议时，让家长及社区人员代表作为伙伴参与其中

续表

必要元素	目前的水平等级	目标水平等级
驾驭多元化动态	文化盲从 用少数服从多数、一致性或找出相同背景的原则来消除群组间的冲突，认为这种处理方法对所有人都是公平的，却造成有赢有输的结果	具备文化能力之前 创造鼓励多重视角的文化，并塑造能够在所有不同的社区、家长或学校人群中实践探讨的能力
适应多元化	具备文化能力之前 意识到家庭文化及校园文化的不同，家长、社区及学校人员开始强调不同社区群体的需求，有时应用限制性或不合理的手段	具备文化能力 与利益相关群体共同合作，调整当前实践，以满足不同文化群组明显或隐晦的需求
文化知识制度化	具备文化能力之前 在出现时就意识到不同的社区需求，家长、社区及教职员工业务会提供政策、规程或方法，以有限或不合理的方式对不同的需求做出应答，通常包含和孤立一些特殊社区的要求，或逐个适应改变而不能在整个系统水平融合改变	具备文化能力 实施政策及实践，并创造能够持续得知所有文化群体需求的机会的机构

轮到你了：教育人员讨论简述

这些评估准则是用来帮助你了解自己所在学校在每个准则中连续体评价的定位，让学校能够有针对性地做出改变，成为一个文化精通的学校。再次强调，五个必要元素只在连续体评价中的文化能力水平中有意义，并且这些元素是教育人员评估自身价值及行为、调查团队成员评估学校政策及实践的标准。准则对连续体等级评估中，文化破坏、不具备文化能力、文化盲从及具备文化能力之前，说明处于该等级中价值观、行为、政策或实践没有具备文化能力。文化精通定义是倡导社会公正的过程，并标志着文化能力的固有标准在未来的永不停歇的前进。

一旦像ABC案例研究调查同事在表10.6中那样，确认在连续体评价中的定位，你运用连续体评价中的下一目标等级的行为描述，这更能对你的学生、同事及社区负责。因此，目标等级成为教学设置中行为的表现。这一等级成为短期或长期提升目标的中心。

在对话群组中，引导你的同事们讨论以下问题，当你更深入谈话时，你会发现每个群组内的成员都有意愿及能力去证实关于学生群组的假设及推测。

- 调查团队成员对表10.1~表10.4关于每条准则的连续体等级评估中，调查研究团队对你所在学校的定位在哪里？
  - 课程与教学
  - 评估与问责
  - 家长社区交流及延伸
  - 职业发展

____

____

____

____

- 在考虑调查团队每个准则的发现时，基础要素作为教育人员价值观和行为及学校政策及实施标准的作用如何？
  - 课程与教学
  - 评估与问责
  - 家长社区交流及延伸
  - 职业发展

____

____

____

____

第十一章 倡导社会公正

我们是否拥有教育所有儿童的决心？

——阿萨·希利亚德（1991）

我们假设你愿意不惜一切代价投身于儿童与青年的教育事业中。这本书旨在呼吁那些仍关心国家未来的人赶快开始行动。我们邀请你们——这本书的读者加入我们，肩负起促进民主的责任，让所有的孩子都能从中受益，没有人被排除在外。这样的教育誓词可以追溯到百年前的约翰·杜威：

公共教育的目的是让个人能够继续追求更高的教育……（并且）学习的目的与回报是能够不断成长。然而，只有当人与人相互交往，通过平等分配利益而激发积极性，从而形成重组的规定，以限制社会习惯与机构时，这些想法才能发生在所有人的身上，这便是民主社会。（杜威，2006）

像杜威一样，我们相信如果不能公平地分配资源，不论是教育还是其他社会机构，都不会有民主。对我们教育者来说，整整晚了一个世纪才认识到这一点，实在是不可接受。让所有的学生受到教育而达到更高水平是我们的道德义务，不能回避，也不能放弃。接受了教育是道德义务这个观点，下面两个问题可以指导我们的工作：

- 道德意味着“正确与公正”，我们要想真正实现富兰（2003）所说的道德义务，让所有的学生受到教育而达到更高水平，需要付出什么？
- 义务意为“绝对必要”，我们教育者与社区成员若想缩小成绩差距，应该怎样计划？

同龄群组模型以及其中应用的提升文化水平的工具，便是用来帮助你缩小成绩差距的。第一章与第三章让你了解了历史上两极分化在成绩差距上的表现，是让你知道，如今我们的学校还没能以公平的方式发挥让所有学生接受教育的功能。分析数据的技巧给你分离的学生成绩与机会数据，让你将注意力集中在某个最需要教育的群组上。你致力于为学校所有群组的学生服务，本身便展示了精通文化的视野。

本章内容意在引导你思考三个会影响大多数学校改变过程的问题，让你更深刻地认识第七章至第十章的数据与分析。

- 知识——我们有历史数据证明成绩差距并不是一个新事物，而是在过去的四十余年，我们教育者大多忽视的问题。
- 意志——我们教育所有学生的意志要接受严格的调查。
- 技巧——我们知道应该怎样做。

知识：我们拥有历史数据

正如我们在第一章与第三章中所讲，自从1971年开始，每隔一年，NAEP就会确定、记录、衡量并报告成绩差距（佩里耶等）。在超过四十年的时间里，州议会与州长进行了大量的改革努力。最终，《有教无类法案》迫使教育界为所有儿童及青年的教育负起责任，只要学校接受了一类资助，就要让学生提升至更高的水平。然而，在很多学校，包括学院与大学，成绩差距仿佛是最近才出现的情况。

教育界表现出的惊讶以及对有效改革措施的抵制，不禁让我们想起拉尔夫·埃里森1952年的小说《隐形人》（*Invisible Man*）。这本书中，主角极尽夸张，但他可怜的人生与经历却完全不能被主流社会看到、听到与承认。可以推测，逃避面对导致成绩差距的不公平的问题，源于政府与教育界各层级的迟钝与不作为。制度性的不作为往往源于缺乏个人信念，恐惧未知，惧怕繁重的工作，简单的无知，或者像阿萨·希利亚德所说的，缺乏做正确之事的意志。

我们是否拥有意志?

“我们是否拥有教育所有孩子的意志？”在这篇标题颇具煽动性的文章中，希利亚德（1991）为当前这一代教育者释放出了教育所有儿童的道德幽灵。自她提出这个问题开始，一代人从刚上幼儿园，到要么从高中毕业，要么终于辍学。我们1991年便已经知晓的成绩差距到现在依然存在。自从1991年以来，国家与各州为此付出了大量的努力，如今，成绩差距问题又重新成为了焦点。

让我们暂停一下，想想第六章与第十章中提到的评估准则。我们的思想模式从文化水平连续体的左边，也就是因为表现不好而责备他人，转移到了连续体的右边，即更注重自己的职业行为，这是范例式的转变。我们教育者面临的一个主要挑战，便是应该用什么方式与同事进行讨论。倡导社会公正，便是用“我们自己的”道德中心去决定什么样的教育才是最符合学生利益的，与其他人做什么或不做什么无关。我们致力于为所有学生谋求公平，其实就是为那些历史上在学校与体制中一直被忽视的群体发声。

■ 意志——教育者倡导社会公正

教育者为那些历史上一直被忽视的群体寻求社会公益，并将这项事业内化入他们的行为中。如果说知识是实施教学差距调查、缩小成绩差距的引擎，那么，它的燃料便是提倡社会公益的意识——表现为道德责任、紧迫感或者愤怒。有人在改变当前行为的时候，便知道路上一定会遇到抵制甚至敌意，然而，他对这些挑战的回答是“来吧”，而不是“怎样”或者“为什么”。在文化调查领导者的内心深处，他知道“为什么”的答案，便是寻求所有人共享之民主。

我们学校与多元群组之间的潜在文化冲突，完全可以通过将精通文化作为一种行为模式来消解。社会中的平等问题需要我们教育者真心拥护并付诸行动。

社会公正倡议者的角色与道德责任相连，不能用调查语言量化（布里格、古斯塔肖及布里格姆，2004）。然而，同龄群组模型以及其自身包含的提升文化水平的工具可以为你提供数据，帮助你评估自己与学校在缩小成绩差距上的进展。我们不能再让下一代孩子继续被学校以及支持它的机构所忽视。对一个民主社会来说，信息充足的教育者倡导社会公正，完善教育是其基本的要求。

技巧——知道应该做什么，检视你的数据

在这一节，你有机会考虑自己在第七章至第十章中的发现，并着手计划在你的学校缩小成绩差距。我们提供这些指导方针供你参照：

- 提升文化水平的工具为教育者提供了框架与视角，让他检视自己的价值观与行为、学校的政策与实践。恰当地使用这些工具并不会增加你的工作量或责任。
- 提升文化水平的四个工具可以帮助你检视自己的职业实践以及它们如何与你的价值观及行为相结合。
- 提升文化水平的四个工具是帮助你检视组织（例如：课堂、年级、部门、学校、学区）中的政策与实践方法。
- 本书提供的评估准则，是将提升文化水平的工具应用到教育实践的以下四个方面所得——课程与教学、评估与问责、家长社区沟通及延伸以及职业发展。
- 随着你对这些工具与评估准则的应用日益熟练，便会想要制定自己的评估准则（例如，人力资源、财政资源等）。

为平等而转型

要想在连续体上，从“具备文化能力之前”转移至“具备文化能力”，

再到“精通文化”，就需要了解自己影响教育学生方式的能力。

如果教育者的定位是“具备文化能力之前”，便意味着他已经开始意识到当前的教育实践不能满足所有学生的学术与机会需求。正是这时，他开始将不知变为已知。教育者一旦认识到差距的存在，便会询问一些关键的问题，来确定他们在担负起更多职业责任的道路上还需要什么信息。如果说改变到了这一步还存在些许迟疑，那便是在当确定并量化出成绩与机会差距时，有些人会感到自责。超越自责与愧疚，而投身于职业与组织的改革中，是准备好达到“具备文化能力”层面的标志。

一位身处于“具备文化能力”水平的教育者在改变的过程中处在“此时此地”的阶段。这个教育者（例如，教师、行政者、顾问、助手、监护人或是办公人员）正在履行尊重学生、他们的家长或监护人、他们的语言与社区的职业实践。他正在制订的教育计划将学生文化作为他们学习与成长的基础。作为一名职业教育者，不论用什么样的标准衡量，学生的成就一直是她的关注点。让学生取得成功是她的道德责任。

“精通文化”包括了“具备文化能力”中的所有要点，并且要求更多。更多的意思是，我们必须确定，教育者将为倡导社会公正而终身学习。对这位教育者来说：

- 终身学习意味着要付诸行动；
- 倡议意味着要付诸行动；
- 社会公正也意味着要付诸行动。

行动的机会

请注意，这一节的标题强调的是行动，而非计划。诚然，若想有效地行动，充足的计划必不可少。然而，大多数的情况是，学校陷于无休止的计划中，一无所成。毕竟，能够对职业实践产生助力，借此让学生及其社区受益的是你做了什么，而不是说了或计划了什么。

在你学校中有大量的机会，让你结合第七章至第十章中所学到的收集与分析数据的知识。我们要再次强调，精通文化不是一件额外的任务，而是我们检视自己教育实践的视角。在我们学校中，许多计划的过程如果利用得当，就能让我们检视反思自己的教育实践以及对学生学习产生的影响。我们希望你能将第七章至第十章中所学到的新视角、新思想应用到当前与今后的计划过程中。典型的学校计划过程包括以下几个步骤：

- 学校完善计划；
- 地区认证计划；
- 学区或学校策略计划；
- 新计划。

技巧——我们知道该做什么：第七章至第十章拾遗

在第七章至第九章中，从你收集与分析的数据中，你一定对学校里的成绩、机会以及职业讨论的模式有了自己的看法。在下面的空行内，我们希望你考虑一下更深层次的问题。结合第七章至第九章的信息，你对下列问题的答案将为前文所说的计划过程提供重要的方向。

- 在第七章中，通过收集与分析数据，你有哪些重要发现？

____

____

____

____

- 在第八章中，通过收集与分析数据，你有哪些重要发现？

____

____

____

____

- 在第九章中，通过收集与分析数据，你有哪些重要发现？

____

- 在第十章中，通过收集与分析数据，你有哪些重要发现？

- 这几章的学习为你提供了一个检视学校实践的完整的视角，你怎样看这一点？

- 关于以下方面，你有什么建议？
  - 你学校的评估与问责实践？

  - 你学校的课程与教学实践？

  - 你学校的家长社区沟通及延伸实践？

○ 你学校的职业发展实践？

我们责任的训词

我们的国家与行业正在民主革命的初级阶段。学校——尤其是公立学校，是自1776年缓慢开始的革命中心，而如今，在本世纪初终于初具雏形。这项改革旨在让所有的学生都达到更高的目标。作为专业人士，我们基于学生的文化群组身份而对他们降低期望，减少为其投入的资源，这种行为已经偏离轨道；现在，我们认识到，只有我们才拥有教育所有儿童与青年人的力量。不，这的确不是件容易的事，改革从不曾是件容易的事，却是正确的事，植根于我们的道德信仰中——让所有的孩子受到教育是应当之事。

没有模板可供我们依循。没有基于调查的策略可供我们复制实施。取得成功的配方直接而简单：

- 站定道德立场，坚信所有儿童及年轻人拥有在高水平层面上学习的能力。
- 将寻找教育所有儿童及年轻人的方式视为自己的责任。

正是因为最后这两个要点，我们正在做的工作才能称为“职业”——一个以大量的教育为特点的职业。我们教育的范围应该从大学以后开始考虑，而不是让学生在大学校门前止步。精通文化的教育者将他们的学校及社区，作为终身学习如何服务他人的真实的实验室。同样作为学习者，这是我们共同的旅程。

兰德尔、斯蒂芬妮、克里斯、辛西娅希望能跟你一起继续这段旅程。为此，给出我们的电子邮箱地址以供联络：

- 兰德尔·B. 林赛——randallblindsey@aol.com
- 斯蒂芬妮·M. 格拉汉姆——culturalcompetence.stephanie@gmail.com
- 小R. 克里斯·韦斯特弗——rcwestphaljr@msn.com
- 辛西娅·L. 周——cjew@clunet.edu

附　录

附录旨在为分析群组间成绩差距提供一个更加深入、精密而又坚实可靠的方法。这个方法的前提是读者已经了解统计学的知识，可以接触到并曾经接触过统计学与数据库管理软件。你还要掌握每个学生的群组信息以及他们的成绩。这个方法建立在完善的统计与调查法的基础上，因此是比较群组差异更有效的方法。在确定群组间差异程度后分出教育的优先级别，这本书在解决成绩差距问题时，运用更基础的方法，使其易于理解，便于在学校级别的环境中应用。

成绩差距是什么？

在文献中，成绩差距通常被定义为：以学术成绩测试为考量，两个或更多群组间的显著差异。谈论群组间的显著差异时，我们必须考虑到三个因素：第一个因素是被比较的群组，第二个因素是学生成绩的数据或描述符，第三个则是我们怎样确定群组间是否存在显著差异。

群组身份的确定

■ 常规做法与传统模型

文献中，在进行群组比较时，常用的方法是对比两个完全不同的群组的成绩。最基本的例子便是NAEP研究，比较了白人学生与非洲裔美国学生、白人学生与拉丁裔美国学生的成绩。这个模型无可避免地将白人群组作为讨论成绩差距的参照点。然而，在这个模型中，却不常在第一语言非英语的群组内部做出比较。这对拉丁裔的学生尤其重要，因为在许多学校甚至学区，大部分学生仍在参加英语学习计划。将正在学习英语的学生算在成绩差距分析之内，无疑会加重非主流群组的相差幅度，加重的程度则受正在学习英语的学生比例影响。这是真实的现象，因为在以英语为媒介的考试中，英语学习者的分数远低于其他讲英语的学生。这种差距在英语语言艺术考试中尤为明显。

■ 同龄群组模型

还有另外一个观察成绩差距的模型，这个模型比较的参照点不是唯一的群组（白人学生），而是系统中（例如，学校、学区、州）现有的学生。例如，如果想研究某个学校或学区内非洲裔学生的成绩，就把他们的成绩与所有不是非洲裔学生的成绩进行比较。这种方法是把非洲裔学生与系统内所有他们的同学放在一起比较。其他的例子就是比较拉丁裔学生与所有非拉丁裔学生的成绩，或者亚裔学生与所有非亚裔学生的成绩，诸如此类。

在学校或学区的环境中，用这种方法比较学生的成绩差距更加有效。这种方法不只反映出本地群组的情况，还将更大比例的学生包含在成绩差距的研究范围内。例如，在以下的情况中，很难证明比较拉丁裔学生与白人学生成绩结果的有效性：（1）学区内白人学生并不占大多数；（2）白人学生的成绩并不是最好的（一种常见的假设，在大多数情况下并不正确）；（3）相当一部分大学生被定义为尚在学习英语。

这个模型还建议将所有正在学习英语的学生都剔除在成绩差距分析之外。我们之前提到过，当学校的英语学习者比重较大，将他们纳入精通英语的学生中会扩大群组间的成绩差距。我们建议将英语学习者作为一个独立的群组进行分析，同时要在学校或学区内以主要语言为标准划分群组，分析学生的进展。大体上，这个方法会影响到非洲裔、拉丁裔及（来自东欧的）白人学生。

因此，同龄群组模型会在学校内的非洲裔美国学生、拉丁裔学生、白人学生间，做出以下几组成绩差距分析。记住，要在分析之前剔除所有英语学习者的成绩。性别与贫困程度差异也应包含在成绩差距分析中，因此，在下面的群组中也有体现：

1. 白人学生与所有非白人学生；
2. 拉丁裔学生与所有非拉丁裔学生；
3. 非洲裔美国学生与所有非非洲裔的学生；
4. 亚裔学生与所有非亚裔学生；
5. 贫困生与非贫困生；
6. 男生与女生。

学术描述符/数据

两个数据通常被用来描述群组的学术测验成绩：一是群组平均分，二是成绩在某一水平或以下（例如，优秀学生的百分比或分数在第25百分位以下），或在某一表现水平之内（例如，四分位或等分点各段内）的学生比例。通常，你可以在学区或州报告中找到这些数据。

■ 平均分

在常模参照测验中，如加利福尼亚州成绩测验（CAT/6）与斯坦福成绩测验（SAT/10），根据发布者提供的正态曲线（NCEs）与量表分（SSs），可以计算出平均分。NCEs与SSs解释基于等分量表得出，NCEs的范围是1~99，而SSs通常是1~900。我们要知道，平均分不能由非等分的量表计算得出。非等分量表包括百分制，9分评分制与等级评分制。而百分制下的平均分数，是根据一个对应转换表在NCEs平均分的基础上，将其转化为百分制下的分数。

标准参照考试（criterion-referenced tests）与基于标准的测试（standards-based tests）皆不能计算平均分。《有教无类法案》要求进行内容标准化考试（content standards-based tests），因此，你很可能要在这些标准上进行分析。内容标准化考试主要反映了学生的表现水平（例如，精通、熟练、基础、低于基础与远低于基础）与量表分。通过这两个分数可以得出平均分。群组的平均量表分数即是该组学生的量表分数的平均数。内容测试与发布者不同，量表分数的范围也会有所变化。表现水平平均分数是将表现水平转化为数字分数得到的。表A–1展示了将学生表现水平转化为数字分数的典型例子。

表A–1　学生表现水平数字分数转化表

表现水平	数字分数
精通	5
熟练	4
基础	3
低于基础	2
远低于基础	1

根据此表，平均分4.5的表现水平高于平均分1.5。4.5的平均分意味着群组的整体表现水平介于“精通”与“熟练”之间，而平均分1.5则代表在“低于基础”与“远低于基础”之间。有时这些分数很难解读，因此经常使用比例模式让外行人更容易用直觉理解。分布范围较大的平均分最好用量表分来表示，不要用表现水平。

■ 比例分数

如果要比较两个群组中达到某个标准的学生比例，就要用到比例分数。这个方法一般在常模参照测验中使用。标准测试的例子是高中毕业考试学生通过或不及格的比例，或达到学区或全州标准的学生比例（在考试中得到“熟练”或更高程度的分数）。常模参照测验的例子则是百分制下得到50分以上与以下，或四分位成绩各段的学生比例。因此，这种方法简单地比较了达到某一预设标准与未达到此标准的学生比例。

■ 测试分数选择

比较群组差异最好的衡量标准就是最接近等分的分数模式。因此，在相同的测验中，对比1~5的表现水平分数，1~600的分数范围能更好地将学生间的差异区分出来。例如，表现水平分数为4分（熟练）可能包括了350~400分数段的所有学生（加利福尼亚州成绩测验即是如此）。比较学生表现时，350~399分数范围内的所有学生都是“熟练”水平。然而，得到350分的学生差不多已经是更低一级的“基础”水平，而399分的学生几乎是更高一级的“精通”水平。因此，表现水平分数在反映两个学生的真实差异上，效果并不令人满意。

了解了这一点，下面的方法非常有潜力，能展示出不同学生群组的真实差距：

- 第一选择：使用可获取的量表分。
- 第二选择：使用NCE分数，只适用于常模参照测验。
- 第三选择：使用表现水平分数。
- 第四选择：使用二分量表分数或学生达到某一标准（及格/不及格，熟练/不熟练）的比例。

■ 其他衡量表现差距的学校学术指标

许多关于成绩差距的讨论都集中在常模参照测验或标准测验的评估结果上。标准测验通常包括联邦、州级学区的测验。最近，学生在高中毕业考试的表现又一次引发了关注，而现在有20个州要求学生必须通过这项考试才能毕业。到2009年，25个州计划实施这项考试，影响范围涵盖了70%的公立学校（教育政策中心，2005）。

我们应该采取其他一些方式解决成绩差距问题。由于这些方式并不是成绩测验，所以在描述公立学校学生表现各异的情况时，使用“表现差距”一词似乎更为妥当。下面列出了在当前教育计划中，与学生成绩或成就相关的衡量指标。这个列表里包含了教育参与指标。如果对这些因素进行深入的检讨，你将对学校或学区内性别或种族群组间的表现差距有一个更为全面的认识。你也可以利用我们推荐的同龄群组模型，分析表现差距的各个维度。这些信息并不能全部在学校或学区直接获得。其他学校的指标列表也并不全面。在你的学校或学区，可能还需要分析其他的指标。下面是其中一些例子：

行为指标

- 学生出勤率
- 停课与被驱逐的比率
- 辍学率
- 毕业率
- 高中所得学分，用来监测学生是否跟上进度
- 高中得到D、E、I成绩的学生

教育参与指标

- 注册并完成代数一
- 注册参加特殊计划，例如天才班、特殊教育、高中跳级计划以及荣誉课程
- 在高中注册科目要求课程，是入读大学的必修课程，如加州大学与加州州立大学系统
- 注册学术干预计划

什么是群组间差异显著?

这是一个关键的问题，但是在关于成绩差距的文献中，却很少见到令人满意的答案。我们需要知道这个答案，因为测验错误（test error）经常会导致群组间出现差异。测验并不是准确衡量学生成绩的完美工具。大体上有两种测验错误：技术上的以及环境上的。

技术错误与测验的结构有关，会影响到准确衡量学生成绩的能力。技术错误的例子涉及到题目的数量、是否限时、题目类型（例如，选择题、

开放型试题等）以及题目的质量。通常，测验是否具有可读性，与测验是否能够以一致的标准衡量学生表现，这两点能够反映出其技术错误。衡量数据的标准错误在一定分数范围或等级内报告学生表现，借此对错误加以反映。报告范围更精确地展现了学生的实际测验表现。例如，某个学生的NCE分数为50分，但是标准错误分数为3.0，这样，他的实际分数即为47~53（从平均分数中加减错误分数得到）。

环境错误指因为测验条件而导致的分数错误。会影响学生表现的测验环境如下：学生积极性与努力程度，考试管理的变量，包括生理与心理影响（例如，考场的环境过冷或过热，灯光昏暗，考官的安排或外部噪音）。

知道了测验错误会影响学生或群组的表现，我们怎样将这些错误纳入考量的同时，确定两个群组间是否存在真实差距呢？通常，确定群组间的显著差异有两种方法，两种都在群组分数间进行统计检验。

■ 统计显著性

有一个方法能够比较平均或比例分数，确定差异是否足够在一个预先设定的概率水平上代表真实差异。这个概率水平通常为100次中的95次，也就是说显著性为0.05。在这类分析中，统计测验的例子有t测验与平均分相比，以及$\chi 2$（卡方）比例分数相比。因此，如果A群组的平均分为45，B群组为60，那么这两个群组的差距的统计显著性为0.05，就意味着如果进行100次测验，将有95次两个群组的差距为15分。

然而，统计显著性方法有两个局限性。首先，样本容量（每个群组的学生数量）越大，就越可能出现统计显著性。这就意味着你可能在较大群组的平均分数中看到统计显著性，但在两个规模较小的群组中却不能。其次，你可能找到两个群组的统计显著性差异，但在当时的教育环境中，显著性差异与实际差异毫无关系。比如说，在一个大容量样本的对比中，NCE的平均分的显著性差异为50分与52分。然而，从教育角度讲，这两个平均分的差异很小（二者都接近百分制下的50分）。因此，这个差异在教育中没有意义；如果其他条件相同，对这些学生表现或教学策略的决定也是一样的。然而，这个方法却在文献中越来越常用。NAEP报告评估群组间成绩差距就是使用了这种方法。

■ 差异程度测验

第二种方法是本书推荐的方法，便是使用“效应量”这个数据。效应量对样本量依赖较小，能显示出两个群组间差异的规模与强度。因此，不论样本量大小，皆可以放心地使用效应量。通常，计算效应量会考虑到每个群组的学生人数，以及两个群组的平均及标准差积分。效应量得出的结果可以展示两组平均分之间的标准差单位，它也可以计算成其他的数据，例如$\chi 2$。

为易于理解，这些标准偏差或效应量可以转化为“百分制下所得平均分”差异。例如，1.00的效应量或标准偏差值等同于百分制下某组比另一组多得34分。0.50的效应量代表多得19分。

下面的表A-2记录的效应量与百分制分数的转化关系。如果你有兴趣在教育环境中使用效应量，马尔扎诺等人（2001）还为你提供了其他的信息。从文献中可知，他与同事利用效应量来确定哪种教学方式是最好的。

表A-2　效应量与对应百分制分数

效应量	百分制下所得分数差异
0.00	0
0.10	4
0.20	8
0.25	10
0.30	12
0.40	16
0.50	19
0.65	24
0.80	29

续表

效应量	百分制下所得分数差异
1.00	34
1.50	43
2.00	48

如果使用效应量确定组间差异，你需要在研究之前确定，什么样的效应量或百分制所得分数差异是可以接受的。确定了这个界限，你便能看出各组间是否存在显著差异。一旦计算出效应量，你就能确定群组间是否存在显著差异以及显著差异的程度。

科恩（1988）提供了解释效应量的指导方针：效应量0.20算较小，0.50为中等，而0.80为较大。波斯坦（2003）提出，尽管已经有了可以接受的经验法则，但到头来，我们对于效应量程度的重要意义仍要时刻保持警醒。科特里克与威廉姆斯（2003）也认为，既然调查者是最接近数据与研究计划的制订者，他们就应该在研究本身与之前该领域研究成果的基础上描述结果的程度。出于教育目的，本书的作者们建议在比较组间差异时，使用0.25的效应量作为教育差异显著的界限，这相当于百分制下两组平均分相差10分。如果将界限效应量定得过高，就有错估学生对教育支援的需要的风险，也有可能忽视一些有效的计划。如果定得过低，得到的差异便主要受评估错误的影响，完全反映不出真实的学生差异。

我们希望清楚地区分统计显著性导致的差异与真实的差异程度。因此，我们将做出如下区分：统计显著性指使用可能性水平来确定群组间差异的传统方法。而教育显著差异是我们依照下面两个标准，用来确定差异的方法：它们具有统计显著性以及它们的效应量达到0.25或以上。

书中附带的光盘中有用平均分及比例数据计算效应量的软件，在附件目录下面。若想计算出效应量，你需要以下信息：

比较平均分数

1．两组的平均分

2．两组的标准偏差分数

3．各组学生数量

比较二分法评分——卡方

1．纳入二分类别的学生数量或百分比

2．例子：A组：50名学生测验及格；75名学生不及格

B组：40%的学生测验及格；60%的学生测验不及格

缩小成绩差距

我们怎么知道自己在缩小成绩差距？在下列情况发生时，我们可以认为成绩差距正在缩小。

1．在同一个教育环境中，各个子群组成绩水平相似。这证明在子群组或同龄群组之间不存在教育显著差异。

2．某群组的表现随着时间持续提高。如果群组的整体水平没有提高，那群组间成绩相近也没有意义。我们试图提高所有群组的表现。

3．各组间在以下方面的提高与公平：

①参加核心教育计划的机会；

②在课堂作业、成绩、参与度等方面成绩优秀；

③教育机会，包括通过高中结业考试以及受高等教育的机会。

4．行为指标——例如，出勤率、停课等。

确定成绩差距：案例研究

下面的案例研究是在小学确定表现差距状况的例子。这个例子与本书提供的案例相同，但应用到你的教育环境中会更为有效及有用。

■ 学生群组

ABC小学在加利福尼亚州的乡村地区，包括幼儿园至六年级的学生。ABC案例研究学校是拥有571名学生的I类学校，表A-3、表A-4记录了此学校的学生人口统计资料。表A-3为注册学生的种族情况，表A-4为列出了在校学生的性别、贫困水平、英语学习者（EL）以及英语学习者主修课程的主要语言。贫困组学生是指参与国家学校午餐计划（NSLP）的学生。这一章节的人口统计学资料是基于2004年加利福尼亚基础教育数据系统（CBEDS）计算而来的。

表A-3　在校学生种族情况

种族	学生数	所占比例
非洲裔美国学生	60	10.5%
第一民族	10	1.8%
亚裔	24	4.2%
菲律宾裔	7	1.2%
西班牙人/拉丁裔	159	27.8%
太平洋岛民	7	1.2%
白人（非西班牙人）	304	53.2%

表A-4　ABC学校学生的其他描述性信息

群体特性		学生数	所占比例
性别	男性	292	52.9%
	女性	260	47.1%
SES和英语学习者			
国家学校午餐计划		407	73.8%
英语学习者		145	25.4%
英语学习者的主要语言			
西班牙语		113	77.9%

续表

群体特性	学生数	所占比例
俄语	9	6.2%
波斯语	4	2.8%
乌克兰语	4	2.8%
有学习障碍的学生	58	10.2%

通过表A–3及表A–4可以看出，ABC学校与加州许多其他学校一样，也是有三个或三个以上主要的种族群体，主要是西班牙人/拉丁裔人、非洲裔以及白人。ABC学校中大概有25%的学生是英语学习者，而大约有10%的学生被认为有学习障碍，这也与加州其他学校情况相似。西班牙语是ABC学校中英语学习者的主要语言，也符合加州日渐增长的模式。

州级标准评估下的学生学术表现

每年春季，ABC学校会参加根据州级内容标准衡量学生表现的评估计划，评估对象为2年级至6年级的英语语言艺术及数学成绩。在这些测试中，对学生成绩的期望值为“精通”或“熟练”，得到这两个成绩的学生被认为是“达到州级标准”。与其他州一样，加州有五个表现等级。另外三个分别是“基础”“低于基础”以及“远低于基础”。

表A–5记录了ABC学校中，在英语语言艺术及数学两科，成绩达到州级标准的学生百分比。记录的群体有男女生、主要种族、贫困生、英语学习者以及有学习障碍的学生。这些百分比包括了2~6年级所有参加测验的学生①。

① 各州一般用等级表示学生的表现水平。这个分析将2年级至6年级的结果融合成一个跨年级的学生表现的整体概述。这展现出一个更完整的学校学生成绩的景象，也通过增加每个子群组的学生人数，来形成各个子群组之间的对比。

表A-5　ABC学校各组学生达到州级标准的百分比

组别		英语语言艺术	数学
所有学生		34.5%	47.6%
性别	男生	36.4%	47.1%
	女生	32.7%	48.3%
种族	非洲裔学生	29.8%	38.3%
	拉丁裔学生	23.2%	33.6%
	白人	42.9%	58.4%
贫困生		29.3%	43.2%
英语学习者		11.7%	34.6%
有学习障碍的学生		10.3%	17.2%

图A-1展现了这些群组英语语言艺术及数学两科，在表A-5中描述的成绩水平差异。

图A-1　各组学生达到州级标准的百分比

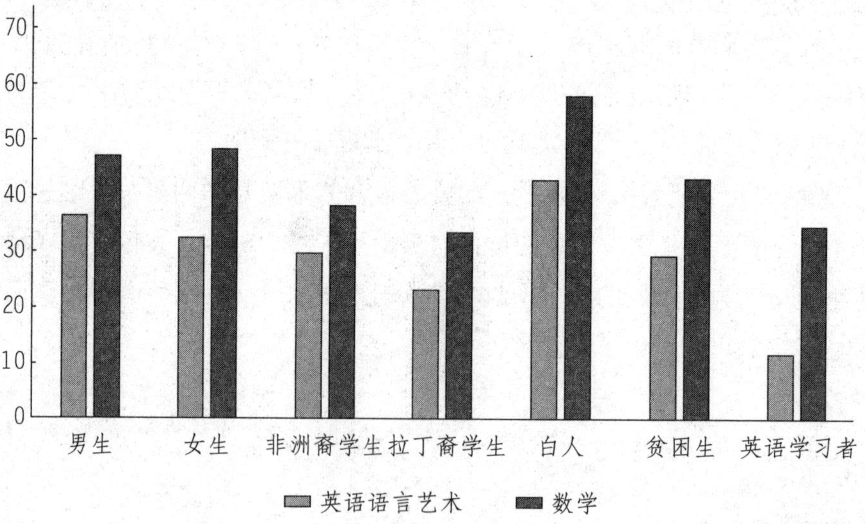

文献与研究中学生群组结构类似的学校，通常都会有类似的数据。白人学生是表现最好的群组，非洲裔与拉丁裔位列第二名、第三名，但远远落后。贫困生成绩较低，但这个数据很难解读，因为贫困生组并非独立的群组，而是包括各个种族背景的学生。英语学习者的英语语言艺术成绩低于其他所有群组，数学成绩则与拉丁裔组相近。

一般来说，这类成绩信息在学校与学区都能找到。课程对整个学校的学生以及学校内各个子群组的学生是优是劣，都要靠它评估。自古以来，这类信息就是分析各组间成绩差距的基础。这些群组被包含在州级与《有教无类法案》的问责系统之中。

成绩差距分析

有两个模型能够确定群组间学习成绩差距。第一个模型被称作传统模型，是在上文数据中列出的群组间进行统计测试。第二个称作同龄群组模型，重新定义学生的子群组，它使用的评估标准水平与群组间差异在统计上与教育上皆有关联。我们将比较这两种模型，来说明ABC学校发现的差异。我们还会基于同龄群组模型，提供ABC学校学生停课与出勤模式的分析。

■ 成绩差距分析综述

传统模型

比较组间成绩差距时，传统模型将白人学生的成绩作为参照点，进行成绩差距分析。因此，非洲裔、拉丁裔以及其他种族群组都被拿来与白人学生的成绩比较。传统模型的统计测试基于一个可能性水平，即是在100次中有95次都会出现这样的组间差异。如果结果符合这个要求，那么便认为群组间存在统计显著差异。要注意，这个统计测试十分依赖范本容量，并只能证明是否存在差异，并不能用以确定组间是否存在相关的教育差异。

表A-6及表A-7记录了英语语言艺术与数学的t测试的数据。两个表格记录了每组学生数量、平均量表分数以及群组间是否存在显著差异。这个模型中的显著差异代表群组间存在成绩差距。

表A-6　使用传统模型确定英语语言艺术学科上是否存在成绩差距

对比群组	学生数量	平均量表分数	是否存在统计显著性差异?
白人与非洲裔美国学生比较			
白人学生	161	337.1	是
非洲裔学生	47	315.2	
白人与拉丁裔学生比较			
白人	161	337.1	是
拉丁裔学生	125	311.9	
贫困生与非贫困生比较			
贫困生	270	319.3	是
非贫困生	96	344.2	
男生与女生比较			
男生	174	323.8	是
女生	192	327.6	

表A-7　使用传统模型确定数学学科上是否存在成绩差距

对比群组	学生数量	平均量表分数	是否存在统计显著性差异?
白人与非洲裔美国学生比较			
白人学生	161	357.4	是
非洲裔学生	47	326.6	
白人与拉丁裔学生比较			
白人	161	357.4	是
拉丁裔学生	125	325.3	

续表

对比群组	学生数量	平均量表分数	是否存在统计显著性差异?
贫困生与非贫困生比较			
贫困生	270	334.7	是
非贫困生	96	366.0	
男生与女生比较			
男生	174	347.2	是
女生	192	339.0	

基于传统成绩差距分析，ABC学校有下列显著成绩差距：

1. 在英语语言艺术与数学两科，白人学生组与非洲裔美国学生组、拉丁裔美国学生组都存在显著的成绩差距。在两个评估中，白人学生表现好于非洲裔及拉丁裔美国学生。

2. 在英语语言艺术与数学两科，贫困生组与非贫困生组都存在显著的成绩差距。在两个评估中，非贫困生组的表现好于贫困生组。

3. 不论是在英语语言艺术还是数学上，男生组与女生组间不存在显著差异。

总体来说，在英语语言艺术与数学两科，传统模型确定了白人学生与非洲裔美国学生、白人学生与拉丁裔美国学生、贫困生与非贫困生间存在成绩差距。

同龄群组模型

同龄群组模型与传统模型有两个不同之处：第一个是比较学生群组的参照点，第二个是建立了确定群体间差异程度是否显著的评估准则。

学生比较的参照点，包括在分析中排除英语学习者，也包括将群组与他们的同龄群组作对比，而不是另一个既定的群组。

英语学习者为特殊群组，成绩差距分析的学生应全部是熟练掌握英语的学生。因此，英语学习者（英语能力有限或不懂英语）将从分析中剔除。剔除这类学生的原因如下：

1．不讲英语的学生与精通英语的学生，在英语语言艺术测试上的成绩差距显著。这些学生因为语言与英语学习的差距，被定义为英语学习者。如果他们能够熟练掌握英语，提高学术成绩，便会被重新分类到精通英语的类别。因此，如果将这些学生与精通英语的学生混在一起，便不能反映出各个群组的学生在核心教学计划中表现。将英语学习者剔除，可以让所有的学生在更公平的条件下进行比较。英语学习者的分数远低于其同龄组，这个成绩差距在ABC学校里十分明显（英语语言艺术的效应量为0.72，数学的效应量为0.42）。

2．英语学习者的学习需求与精通英语的学生差异显著。我们必须承认这些差异，并避免在评估学生成绩时将这些学生算入。

3．剔除英语学习者并不意味着我们放弃评估这些学生的成绩进展，还有大量的其他方式可以对其进行评估。这个模型只是解释在评估学生群组间的成绩差距时，纳入这些学生的选择是否合适。

对于拥有大量英语学习者的学校来说，将这些学生排除在成绩差距分析之外的影响最大。英语学习者的数量多少，直接影响到成绩差距分析中各组的结果。如果有较多英语能力有限的东欧学生，这个因素也会影响白人学生的结果。

与同龄组比较

比较的参照点不是白人学生，而是学校的学生整体。因此，在ABC学校中，非洲裔美国学生不会与白人学生比较，而是与学校里所有不是非洲裔的学生比较。这种方法考虑到学校的人口构成以及学习环境的社会背景。另外，它并不认为单一的白人学生组的表现对所有其他群组有优越性，因此没有将其作为学生成绩的标准。这个方法把ABC学校的白人学生组与其同龄组成绩进行比较，这也是传统模型所不具备的。

群组间差异程度。

只有当学生的成绩同时满足两个条件，才会认为群组间存在成绩差距。第一个条件是群组间必须存在统计显著差异（传统模型），第二个条件是差异必须达到一定的程度，而在教育上具有现实意义。我们之前讨论过，0.25的效应量或以上可以看作教育显著差异。这个水平即是两组的平均分相差至少10分。如果少于10分，差异就没有实际意义（参见之前关于衡量错误的讨论）。效应量同时也反映了群组间差异的程度，由此便可以比较成绩差距的严重性。读者可能希望设置另一级别的显著性，来使评估更加严密。然而，我们要提醒大家，更大的效应量可能导致忽视群组间一些相关的教育差异。

同龄群组成绩差距结果

表A–8与表A–9报告了在ABC学校各组间的发现。这些表格信息包括比较的群组、学生人数、他们在英语语言艺术（表A–8）与数学（表A–9）上的平均量表分数、标准偏差、效应量以及基于同龄群组模型是否存在显著性差异（效应量至少达到0.25）。这些表格提供的信息已经满足计算效应量要求（学生人数、平均分、每组的标准偏差）。再次说明，本书附带的光盘中提供了计算方式。

表A–8　使用同龄群组模型确定英语语言艺术学科上成绩差距的程度

对比群组	学生数量	平均量表分数	标准偏差	效应量	百分制下平均分差异	是否存在显著性差异?（效应量≥0.25）
非洲裔美国学生与同龄组比较						
非洲裔美国学生	47	315.2	53.67	0.48	18	是
同龄组	224	338.78	48.57			
拉丁裔学生与同龄组比较						
拉丁裔学生	54	331.9	47.04	0.07	3	否
同龄组	217	335.4	51.02			

续表

对比群组	学生数量	平均量表分数	标准偏差	效应量	百分制下平均分差异	是否存在显著性差异？（效应量≥0.25）
白人学生与同龄组比较						
白人学生	144	341.0	48.46	0.27	11	是
同龄组	127	327.6	50.91			
贫困生与非贫困生比较						
贫困生	181	328.8	49.83	0.35	14	是
非贫困生	90	346.4	49.101			
男生与女生比较						
男生	126	332.6	49.58	0.08	3	否
女生	145	336.5	50.82			

表A-9　使用同龄群组模型确定数学学科上成绩差距的程度

对比群组	学生数量	平均量表分数	标准偏差	效应量	百分制下平均分差异	是否存在显著性差异？（效应量≥0.25）
非洲裔美国学生与同龄组比较						
非洲裔美国学生	47	326.6	78.18	0.42	16	是
同龄组	224	355.0	64.15			
拉丁裔学生与同龄组比较						
拉丁裔学生	54	342.2	70.62	0.14	5	否
同龄组	217	352.0	67.09			

续表

对比群组	学生数量	平均量表分数	标准偏差	效应量	百分制下平均分差异	是否存在显著性差异?（效应量≥0.25）
白人学生与同龄组比较						
白人学生	144	357.9	64.21	0.25	10	是
同龄组	127	341.2	70.83			
贫困生与非贫困生比较						
贫困生	181	342.8	65.56	0.33	13	是
非贫困生	90	364.7	70.15			
男生与女生比较						
男生	126	355.6	73.09	0.15	6	否
女生	145	343.3	62.67			

这个成绩差距分析可得出如下结论：

1．不论是在英语语言艺术还是数学上，当与同龄组比较时，拉丁裔学生的成绩没有显著差异。这与传统模型中，二者差异显著的结果形成了直接的对比。传统模型中显示的成绩差距直接受到了拉丁裔学生中英语学习者的影响。

2．当用效应量检视群组间差异程度时，非洲裔美国学生的成绩差距最大。0.42~0.48的效应量比贫困生与非贫困生、白人学生与其同龄组的差异程度更大。这些分数表示，平均来看，非洲裔美国学生比他们在ABC学校的同学低16~18分。

3．第二大的成绩差距出现在贫困生身上。这个差距比较难以解释，因为这并不是一个独立的群体，而是由不同种族与性别混合而成。例如，在ABC学校中，90%的非洲裔美国学生参加了全国学校午餐计划。

学生表现差距的行为指标

我们阐释了在ABC学校，通过停课与学生出勤率等行为指标来分析表现差距的实例。我们在书中提到过，在这类分析中，有许多行为或学术指标可供选择。在此说明，这个问题是在这两个方面，非洲裔学生、拉丁裔学生、白人学生、贫困生以及英语学习者之间是否存在教育显著差异。学生缺席或停课都直接影响到他的学习机会。

■ 缺席

在这个分析中，我们通过计算学校年度中学生缺席的几率来定义缺席。用每个学生缺席的天数除以学生登记的总教学天数可以得出学生的缺席率。例如，假设一个学年是180天，一个缺席了15天的学生的缺席率就是0.083（用15/180）。也就是说这个学生缺席了一个学年8.3%的时间。

在这项分析中，只有学生在校天数超过学年天数的50%或91天以上，才会被纳入分析。这剔除了临时学生的数据，他们的比率可能与学年大多数时间都在校的ABC学校的学生不同。在这个标准下，有546名ABC学校的学生参与了这次分析。

表A–10记录了2004—2005学年，各个子群组缺席天数的平均百分比，包括每个子群组与其同龄组的对比。这个表格包括了平均缺席百分比、平均分数的标准偏差、效应量或差异程度、百分制下平均得分以及基于同龄群组模型是否存在显著差异（效应量至少达到0.25）。

表A–10

比较群组	学生人数	平均	标准偏差	效应量	百分制下平均得分	是否存在显著性差异?（效应量≥0.25）
种族						
非洲裔美国学生	75	15.7%	0.087	0.57	22	是
同龄组	339	9.7%	0.054			

续表

比较群组	学生人数	平均	标准偏差	效应量	百分制下平均得分	是否存在显著性差异？（效应量≥0.25）
拉丁裔	85	4.9%	0.049	0.23	9	否
同龄组	329	6.3%	0.063			
白人	221	5.5%	0.055	0.17	6	否
同龄组	193	6.5%	0.065			
性别						
男生	202	6.3%	0.063	0.11	4	否
女生	212	5.7%	0.057			
英语学习者						
英语学习者	132	7.4%	0.041	0.34	13	是
同龄组	414	10.8%	0.060			
贫困生						
贫困生	190	7.4%	0.075	0.46	18	是
同龄组	100	4.4%	0.038			

ABC学校的缺席差距分析显示的关于学生缺席的发现如下：

1. 下列群组间，学生缺席天数百分比没有教育显著差异：
   a. 男生与女生；
   b. 拉丁裔学生与其同龄组；
   c. 白人学生与其同龄组。
2. 然而，我们在下列群组间发现了教育显著差异：
   a. 非洲裔美国学生与同龄组相比，明显缺席更多。效应量为0.57，意味着平均缺席天数百分比高约22个百分点。
   b. 贫困生与同龄组相比，明显缺席更多。效应量为0.46，意味着平均缺席天数百分比高约18个百分点。
   c. 英语学习者与同龄组相比，明显缺席更多。效应量为0.34，意味着平均缺席天数百分比高约13个百分点。

■ 停课

2004—2005学年，ABC学校中有70名学生遭遇停课，其中14名是英语学习者。余下的56名里，有21名是非洲裔，7名拉丁裔以及25名白人。这70个人里有35名贫困生与53名男生。

停课数据包括2004—2005学年ABC学校所有的在校生，包括英语学习者在内。总计707名学生，被用来定义比较的两个群组、要研究的子群组及其同龄组。全年精通英语的在校生有549个。使用CBEDS数据计算学生人数并不准确，因为它只统计了在某一天（2004年10月）注册的学生人数。

表A–11记录了2004—2005学年各组停课人数的数据，包括每个子群组及其同龄组的比较。这个表格包括每组停课与没有停课的数量、各组比较的效应量、平均百分数差异以及群组间差异是否显著。统计显著性与卡方的计算基于比较听课人数与非停课人数的二分表，这个卡方的数据包括在本书附带的光盘中。

表A–11

比较群组	学生人数	停课人数	非停课人数	效应量	百分制下平均得分	是否存在显著性差异？（效应量≥0.25）
种族						
非洲裔美国学生	107	21	86	0.58	22	是
同龄组	549	35	407			
拉丁裔	104	7	97	0.30	11	否*
同龄组	445	49	396			
白人	271	25	271	0.23	9	否
同龄组	222	31	222			
性别						
男生	275	44	231	0.79	28	是
女生	274	12	262			

续表

比较群组	学生人数	停课人数	非停课人数	效应量	百分制下平均得分	是否存在显著性差异？（效应量≥0.25）
英语学习者						
英语学习者	158	14	144	0.09	3	否
同龄群组	49	156	493			
贫困生						
贫困生	257	34	223	0.35	14	是
同龄群组	292	22	270			

*这里认为没有显著性是因为它并不满足显著性的第一个标准，即100次中有95次或0.05的可能性水平。拉丁裔学生的可能性水平为0.19，白人学生为0.14，英语学习者为0.62。

ABC学校的停课差距分析显示的关于学生停课的发现如下：

1．下列群组间，学生停课百分比没有教育显著差异：

① 英语学习者及其同龄组；

② 白人学生与其同龄组；

③ 拉丁裔学生与其同龄组。

2．我们在下列群组间发现了教育显著差异：

① 男生组与女生组相比明显停课更多。效应量为0.79，意味着平均停课人数百分比高约28个百分点；

② 非洲裔美国学生组与同龄组相比明显停课更多。效应量为0.58，意味着平均停课人数百分比高约22个百分点；

③ 贫困生组与同龄组组相比明显停课更多。效应量为0.35，意味着平均停课人数百分比高约14个百分点。

同龄群组表现差距发现之概述

同龄群组差距分析显示ABC学校各组间存在显著差距。在英语语言艺术与数学两科，显著差距出现在下列群组中：

- 非洲裔美国学生。这组的差距程度是三组中最大的，英语语言艺术的效应量为0.46，而数学的效应量为0.48。非洲裔学生的分数平均比其他学生低17个百分点。

- 贫困生。这组的差距程度是三组中第二大的，英语语言艺术的效应量为0.35，而数学的效应量为0.33。贫困生的分数平均比其他学生低14个百分点。
- 白人学生。白人学生的成绩好于其同龄组，在英语语言艺术上的效应量为0.27，数学效应量为0.25。白人学生的分数平均比其他学生高10个百分点。

这些关于学生缺席与停课的发现与学术方面相似，尤其表现为非洲裔学生与贫困生的缺席停课率远高于他们各自的同龄组。非洲裔学生缺席的效应量为0.57，紧接着便是贫困生的0.46。在停课方面，非洲裔学生的效应量为0.58，而贫困生为0.35。

关于缺席与停课，其他的发现如下：

- 英语学习者的缺席远少于其同龄组，效应量为0.34。
- 男生的停课数多于女生，效应量为0.79。

表A-12展示了ABC学校同龄群组表现差距分析的简要情况，其中包括用来比较个群组的四个变量。

表A-12　ABC学校概述表格

群组与其同龄组	评估表现差距的标准			
	英语语言艺术	数学	缺席	停课
非洲裔美国学生组	低于同龄组	低于同龄组	低于同龄组	低于同龄组
拉丁裔组	与同龄组相当	与同龄组相当	与同龄组相当	与同龄组相当
白人组	高于同龄组	高于同龄组	与同龄组相当	与同龄组相当
男生组	与同龄组相当	与同龄组相当	与同龄组相当	低于同龄组
贫困生组	低于同龄组	低于同龄组	低于同龄组	低于同龄组
英语学习者组	低于同龄组	低于同龄组	高于同龄组	与同龄组相当

我们推荐利用同龄群组模型来分析学校中其他能获取的学生成绩信息。同时，有无数行为或参与指标可以用来评估表现差距，其中一部分已经包括在了第九章“找出中学参与数据的含义”。

致　谢

兰迪、史蒂芬妮、克里斯与辛迪对制度下各级教育领导者中的勇士表示尊敬，他们的不懈努力令提升学校与课堂文化水平教育的梦想照进现实。我们由衷感谢家人、朋友及同事在这本书写成的各个阶段，给予我们支持、鼓励与耐心。我们几人还要相互致谢，大家都为写成此书投入了实践、资源以及精力。

衷心感谢瑞秋·力夫希，她不仅支持我们的工作，还帮助了所有投身于民主、平等教育的作者。同样，非常感谢菲利普斯·卡佩罗，他的支持让我们能专注于工作，按照实践完成计划。

本书关于文化水平的概念框架全有赖于特里·克罗斯、基赞扎·努利·洛宾斯、雷蒙德·D.特勒尔、德洛丽丝·B. 林赛、拉雷恩·罗伯茨、富兰克林·坎贝尔琼斯以及理查德·马丁内斯的辛勤工作。这本书吸收他们之前对文化竞争力与文化水平的研究，在此基础上成形。

如果提升文化水平是本书的道德内核，那么评价准则就是这项任务的眼与手。几位专家倾力论证了评价准则的内容，我们对布兰达·坎贝尔琼斯、富兰克林·坎贝尔琼斯、理查德·格雷格里、德洛丽丝·B. 林赛、基赞扎·努利·洛宾斯以及雷蒙德·D.特勒尔表示由衷的感谢，他们花费大量时间，解析140词（英文版有140词）的评价准则中每个字句、概念及细微的差别。

非常感谢德洛丽丝·B.林赛与亨利·蒙德舍因对本书的贡献。德洛丽丝在最终成稿的每个阶段花费大量时间予以反馈，她关于本书主题的知识储备、编辑技巧的反馈与对这项工作的热情，对本书最后成品的贡献不可估量。我们也要向加利福尼亚路德大学的亨利·蒙德舍因致谢，帮助我们开展研究，辑成此书。亨利详细研究了历史的细节，这项工作难以把握，但他全面的技巧出色攻破了这一难题！

同时，感谢下列评论家对本书的贡献：

贝弗莉·爱德曼
中学校长
戈尔登，科罗拉多州

史蒂夫·詹金斯博士
教授
得克萨斯大学

琳达·容维尔特博士
协调人，小型学习环境发展中心
雷德兰兹，加利福尼亚

约翰·克罗纳普勒
职业发展导师
埃里克特城，马里兰州

参考文献

American Psychological Association. (1994). *Publication manual of the American Psychological Association* (4th ed.). Washington, DC: APA.

Argyris, Chris. (1990). *Overcoming organizational defenses: Facilitating organizational defenses.* Englewood Cliffs, NJ: Prentice Hall.

Bay Area School Reform Collaborative. (2001, January). The color of discipline: *Understanding racial disparity in school discipline practices.* Research Brief. San Francisco: Bay Area School Reform Collaborative.

Berliner, David. (2005, August 2). Our impoverished view of educational reform. *Teachers College Record* [Electronic version]. ID Number: 12106. Retrieved August 26, 2005, from http://www.tcrecord.org

Block, Peter. (2001). *The answer to how is yes: Acting on what matters.* San Francisco: Berrett-Koehler.

Boston, Carol. (2003). Effect size and meta-analysis. ERIC Digest. Retrieved July 12, 2005, from http://www.ericdigests.org/2003–04/meta-analysis .html

Bracey, Gerald W. (2000). *Bail me out! Handling difficult data and tough questions about public schools.* Thousand Oaks, CA: Corwin Press.

Brigham, Frederick J., Gustashaw, William E., III, & Brigham, Michelle St. Peter. (2004, May/June). Scientific practice and the tradition of advocacy in special education. *Journal of Learning Disabilities, 37*(3), 200–206.

Carter, Thomas P. (1970). *Mexican American in school: A history of educational neglect.* New York: College Entrance Examination Board.

Cattell, Raymond B. (1979). Are culture fair intelligence tests possible and necessary? *Journal of Research and Development in Education, 12*(2), 3–13.

Center on Education Policy. (2005, June). *How have high school exit exams changed our schools? Some perspectives from Virginia and Maryland.* Washington, DC: Author.

Cohen, James. (1988). *Statistical power analysis for the behavioral science* (2nd ed.). Hillsdale, NJ: Erlbaum.

Cross, Terry, Bazron, Barbara, Dennis, Karl, & Isaacs, Mareasa. (1989). *Toward a culturally competent system of care* (Vol. 1). Washington, DC: Georgetown University Child Development Program, Child and Adolescent Service System Program.

Dewey, John. (2006). *Wisdom quotes: Quotations to inspire and challenge.* Retrieved October 9, 2006, from http://www.wisdomquotes.com/ 001897.html

Douglass, Frederick. (1960). *The narrative of the life of Frederick Douglass: An American slave.* Cambridge, MA: Belknap Press. (Original work published 1845.)

DuFour, Richard, DuFour, Rebecca, Eaker, Robert, & Karhanek, Gayle. (2004). *Whatever it takes: How professional learning communities respond when kids don't learn.* Bloomington, IN: National Educational Service.

DuFour, Richard, Eaker, Robert, & DuFour, Rebecca. (2005). *On common ground: The power of professional learning communities.* Bloomington, IN: National Educational Service.

Education Trust. (2006). *Yes we can: Telling truths and dispelling myths about race and education in America.* Washington, DC: Education Trust. Retrieved September 27, 2006, from http://www2.edtrust.org/EdTrust/Press+Room/Yes+We+Can.htm

Educational Research Service. (2003). *Culture and learning.* ERS What We Know Series. Arlington, VA: Author.

Edwards, Virginia E. (Ed.). (2006, January 5). Quality counts at 10:A decade of standards-based education [Special issue]. *Education Week, 25*(17).

Ellison, Ralph. (1952). *Invisible man.* New York: Random House.

Engelbreit, Mary, & Regan, Patrick (2006). *Mary Engelbreit and the illustrated quote.* Kansas City, MO: Andrews McMeel.

Franklin, John Hope, & Moss, Alfred A., Jr. (1988). *From slavery to freedom: A history of Negro Americans* (6th ed.). New York: McGraw-Hill.

Fullan, Michael. (1993). *Change forces: Probing the depths of educational reform.* London: Falmer.

Fullan, Michael. (1999). *Change forces: The sequel.* Thousand Oaks, CA: Corwin Press.

Fullan, Michael. (2003). *The moral imperative of school leadership.* Thousand Oaks, CA: Corwin Press.

Grissmer, Dave, & Flanagan, Ann. (2001). *The role of federal resources in closing the achievement gaps of minority and disadvantaged students.* Santa Monica, CA: RAND.

Grunwald, Peter & Associates, & Rockman. (2002). *Are we there yet?* Alexandria, VA: National School Board Foundation. Retrieved February 17, 2003, from http://caret.iste.org/index.cfm

Harvard Civil Rights and Advancement Project. (2000). *Opportunities suspended: The devastating consequences of zero tolerance and school discipline project.* Cambridge, MA: Civil Rights Project of Harvard University.

Haycock, Kati. (2001). Closing the achievement gap. *Educational Leadership, 58*(6), 6–11.

Hilliard, Asa. (1991). Do we have the will to educate all children? *Educational Leadership, 40*(1), 31–36.

Hudson, J. Blaine. (1999). Affirmative action and American racism in historical perspective. *The Journal of Negro History, 84*(3), 260–274.

Jencks, Christopher, & Phillips, Meredith (Eds.). (1998). *Black-White test scores.* Washington, DC: Brookings Institution Press.

Johnson, Ruth S. (2002). *Using data to close the achievement gap: How to measure equity in our schools.* Thousand Oaks, CA: Corwin Press.

Johnston, Robert C., & Viadero, Debra. (2000). Unmet promise: Raising minority achievement. *Education Week, 19*(27), 1, 18–21.

Kegan, Robert, & Lahey, Lisa Laskow. (2001). *How the way we talk can change the way we work: Seven languages for transformation.* San Francisco: Jossey Bass.

Knowles, Elizabeth. (2003). Disraeli, Benjamin, in Elizabeth Knowles (Ed.), *The Concise Oxford Dictionary of Quotations* [Electronic version]. Oxford, England: Oxford University Press. Retrieved February 20, 2007, from http://www.oxfordreference.com/views/ENTRY.html?subview=Main&entry=t91.e755

Kohn, Alfie. (1998). Only for my kid: How parents of privilege undermine school reform. *Phi Delta Kappan, 79*(8), 569–577.

Kotrlik, Joe W., & Williams, Heather A. (2003). The incorporation of effect size in information technology, learning, and performance research. *Information Technology, Learning, and Performance Journal, 21*(1). Retrieved July 12, 2005, from http://osra.org/itlpj/kotrlikwilliamsspring2003.pdf

Kousser, J. Morgan. (1984). Suffrage. In Greene, J.P. (Ed.), *Encyclopedia of American political history: Studies of the principal movements and ideas* (Vol. 1–3, pp. 1236–1258). New York: Scribner.

Kozol, Jonathan. (2005). *The shame of the nation—The restoration of apartheid schooling in America.* New York: Crown.

Lee, Jaekyung. (2002). Racial and ethnic achievement gap trends: Reversing the progress toward equity? *Educational Researcher, 31*(1), 3–12.

Lindsey, Randall B., Nuri Robins, Kikanza, & Terrell, Raymond D. (2003). *Cultural proficiency: A manual for school leaders* (2nd ed.). Thousand Oaks, CA: Corwin Press.

Lindsey, Randall B., Roberts, Laraine M., & CampbellJones, Franklin. (2005). *The culturally proficient school: An implementation guide for school leaders.* Thousand Oaks, CA: Corwin Press.

Louque, Angela. (2006). Personal correspondence, September 6, 2006.

Mann, Horace. (2006). *Brainy Quotes.* Retrieved October 9, 2006, from http://www.brainyquote.com/quotes/authors/h/horace_mann.html

Marzano, Robert J. (1998, December). Rethinking tests and performance tasks. *School Administrator, 55*(11), 10–12.

Marzano, Robert J., Pickering, Debra J., & Pollock, Jane E. (2001). *Classroom instruction that works: Research-based strategies for increasing student achievement.* Alexandria, VA: Association for Supervision and Curriculum Development.

McREL. (2000). *Including at-risk students in standards-based reform: A report on McREL's diversity roundtable II.* Aurora, CO: Mid-continent Research for Education and Learning.

National Center for Education Statistics. (2005). *Digest of education statistics, 2005.* Jessup, MD: American Institutes for Research (CRESS). (ERIC Document Reproduction Services No. ED492945)

Nieto, Sonia. (2004). *Affirming diversity: The sociopolitical context of multicultural education* (5th ed.). New York: Teachers College Press.

Nuri Robins, Kikanza, Lindsey, Randall B., Lindsey, Delores B., & Terrell, Raymond D. (2006). *Culturally proficient instruction: A guide for people who teach* (2nd ed.). Thousand Oaks, CA: Corwin Press.

Ogbu, John U. (1992). Understanding cultural diversity and learning. *Educational Researcher, 21*(8), 5–14.

Ogbu, John U., & Matute-Bianchi, Maria Eugenia. (1990). Understanding sociocultural factors: Knowledge, identity and school adjustment. In

Charles Leyba (Ed.), *Beyond language: Social and cultural factors in schooling language minority students.* Los Angeles: California State University Press.

Pascale, Pietro, & Jakubovic, Shaena. (1971). *The impossible dream: A culture-free test.* (ERIC Document Reproduction Service No. ED054217)

Peck, M. Scott. (2000). *Abounding grace: An anthology of wisdom.* Kansas City, MO: Andrews McMeel.

Perie, Marianne, Moran, Rebecca, & Lutkus, Anthony D. (2005). *NAEP 2004 trends in academic progress: Three decades of student performance in reading and mathematics* (NCES 2005–464). U.S. Department of Education, Institute of Education Sciences, National Center for Education Statistics. Washington, DC: Government Printing Office.

Peske, Heather, & Haycock, Katie. (2006). *Teaching inequality—How poor and minority students are shortchanged on teacher quality.* Washington, DC: The Education Trust.

Picucci, Ali Callicoatte, Brownson, Amanda, Kahlert, Rahel, & Sobel, Andrew. (2002). *Drive to succeed: High performing, high poverty, turnaround middle schools* (Vol. 1). Austin, TX: Charles Dana Center at the University of Texas.

Powers, Jeanne M. (2004). High-stakes accountability and equity: Using evidence from California's Public Schools Accountability Act to address the issues in *Williams v. State of California. American Educational Research Journal, 41*(4), 763–795. Retrieved September 19, 2006, from ABI/INFORM Global database. (Document ID: 809399361.)

Prensky, Marc. (2006). *"Don't bother me Mom, I'm learning!": How computer and video games are preparing your kids for twenty-first century success and how you can help!* St. Paul, MN: Paragon House.

Reeves, Douglas B. (2000). *Accountability in action: A blueprint for learning organizations.* Denver, CO: Center for Performance Assessment.

Reeves, Douglas B. (2006). *The learning leader: How to focus school improvement for better results.* Alexandria, VA: Association for Supervision and Curriculum Development.

Richardson, John G. (1980). Variation in date of enactment of compulsory school attendance laws: An empirical inquiry. *Sociology of Education, 53*(3), 153–163.

Rothstein, Richard. (2004). *Class and schools: Using social, economic and educational reform to close the Black-White achievement gap.* New York: Teachers College Press.

Schein, Edgar. (1989). *Organizational culture and leadership: A dynamic view.* San Francisco: Jossey-Bass.

Senge, Peter, Cambron, Nelda H., McCabe, Timothy Lucas, Kleiner, Art, Dutton, Janis, & Smith, Bryan. (2000). *Schools that learn: A fifth discipline fieldbook for educators, parents, and everyone who cares about education.* New York: Doubleday.

Senge, Peter, Kleiner, Art, Roberts, Charlotte, Roth, George, Ross, Richard B., & Smith, Bryan S. (1999). *The dance of change.* New York: Doubleday.

Sigler, Jay A. (Ed.). (1998). *Civil rights in America: 1500 to the present.* Detroit: Gale Research.

Solomon, Gwen, Allen, Nancy, & Resta, Paul. (2003). *Toward digital equity: Bridging the divide in education.* Boston: Allyn and Bacon.
Starnes, Bobby Ann. (2006). What we don't know can hurt them: White teachers, Indian children. *Phi Delta Kappan, 87*(5), 384–392.
Steele, Claude M., & Aronson, Joshua (1995). Stereotype threat and the intellectual test performance of African-Americans. *Journal of Personality and Social Psychology, 69,* 797–811.
Takaki, Ron. (1993). *A different mirror: A history of multicultural America.* Boston: Little Brown & Co.
Toffler, Alvin. (2006). *Wisdom Quotes: Quotations to Inspire and Challenge.* Retrieved October 9, 2006, from http://www.wisdomquotes.com/001561.html.
Trumbull, Elise (2005). Language and assessment. In Elise Trumbull and Beverly Farr, *Language and Learning: What Teachers Need to Know* (269–297). Norwood, MA: Christopher Gordon.
Unger, Harlow G. (2001). Compulsory education. In *Encyclopedia of American Education* (2nd ed., pp. 275–276). New York: Facts on File.
Viadero, Debra. (2000). Lags in minority achievement defy traditional explanations. *Education Week, 19*(28), 1 & 18–22.
Wartell, Michael A., & Huelskamp, Robert M. (1991, July 18). Testimony of Michael A. Wartell and Robert M. Huelskamp, Sandia National Laboratories, Before Subcommittee on Elementary, Secondary, and Vocational Education, Committee on Education and Labor, U.S. House of Representatives.
Windridge, Charles. (2003). *Tong Sing: The Chinese book of wisdom.* New York: Barnes and Noble.
Zurcher, Raymond. (1998) Issues and tends in culture-fair assessment. *Intervention in School and Clinic, 34*(2), 103–106.